DE
L'USURE
DANS L'ETAT ACTUEL
DE LA LÉGISLATION.

DE
L'USURE

DANS L'ETAT ACTUEL

DE LA LÉGISLATION,

Par M. CHARDON,

Président du Tribunal civil de 1.re instance d'Auxerre (Yonne);
Chevalier de l'Ordre royal de la Légion-d'Honneur.

PARIS,

A LA LIBRAIRIE DE JURISPRUDENCE ET D'ADMINISTRATION
D'Antoine BAVOUX, ÉDITEUR,
Rue Git-le-Cœur, n.º 4.

1825.

AVERTISSEMENT

DE L'AUTEUR.

Occupé depuis plusieurs années d'un *Traité sur le dol et la fraude en matière civile*, dont l'usure est un des principaux sujets, je me suis surtout attaché à séparer, dans les monumens de notre ancienne jurisprudence, les règles qu'a fait renaître la loi du 3 septembre 1807, de celles qui ne conviennent plus à notre législation. Ainsi pénétré, par une étude approfondie, des vrais principes sur la matière, je n'ai pu lire, sans un étonnement extrême, la consultation publiée dans le Recueil de M. Sirey (*année* 1822, 2ᵉ. *partie , pag.* 41). L'usure en est aussi l'objet, et un jugement du tribunal civil d'Orthez, l'occasion.

Ce jugement me paraît parfaitement conforme aux principes; il honore les magistrats qui l'ont rendu; il prouve beaucoup et pour leur doctrine, et pour leur savoir. Cependant, l'auteur de la consultation le désapprouve et en fait la critique : mais il me semble que, cette fois, il a sacrifié à l'erreur, et il n'est pas, en droit, de plus grave erreur que celle qui altère une loi morale, comme celle du 5 septembre 1807.

J'ai cru voir un double danger dans cet écrit et dans le mode de sa publication. Il a été transmis au public par un journal fort estimé et répandu, dans lequel on est habitué à trouver sur les questions difficiles, les notions les plus certaines et souvent de très-judicieuses réflexions. C'est dans les rangs des décisions souveraines des Cours et particulièrement de celle de Cassation, que l'auteur de la consultation a trouvé place pour son opinion réformatrice d'un jugement; ce qui, joint à un style persuasif, peut lui donner, pour certains lecteurs, un faux air de souveraineté.

J'ai, durant plusieurs mois, espéré qu'une plume plus exercée que la mienne, en donnerait au public la réfutation. Mon espoir ne se réalisant pas, je me suis décidé, en attendant mieux, à détacher de l'ouvrage que je prépare, la partie qui concerne l'*Usure*, et à la faire paraître.

J'ai moins consulté mes forces que mon attachement aux saines doctrines. Je livre avec indifférence la forme et le style à toutes les censures, mais, quant aux principes, je les expose avec la confiance qu'inspirent quarante années d'étude et d'expérience.

J'ai, d'ailleurs, pour mes garans, les jurisconsultes les plus estimés, et pour appui, les arrêts des Cours anciennes et nouvelles. J'ai, surtout pour moi, ce qui est fort singulier, Pothier, le seul auteur invoqué dans la consultation.

TABLE DES CHAPITRES.

CHAPITRE VI.

DE L'USURE,

DANS

L'ÉTAT ACTUEL DE LA LÉGISLATION.

CHAPITRE Ier.

Notions Préliminaires.

SOMMAIRE.

1. Définition de l'Usure.
2. Elle a été long-temps au rang des crimes.
3. Réprouvée par tous les sages de l'antiquité.
4. Base de sa prohibition dans les anciennes lois.
5. Décret d'octobre 1789, qui admet le prêt temporaire avec intérêts.
6. Argent monnoyé déclaré marchandise.—Décret des 6 floréal an III et 5 thermidor an IV.
7. Lettre interprétative du ministre de la justice.
8. Jurisprudence répressive.
9. Loi du 3 septembre 1807.
10. Division du Traité.

1. Les hommes étant destinés à vivre en société, sont dans un état continuel de dépendance réciproque ; et l'échange qui, sans cesse,
se fait entre eux de ce qui est dans leur convenance
mutuelle, n'est juste qu'autant que chacun reçoit

l'équivalent de ce qu'il donne. Dans les négociations, dont le signe représentatif est le seul
objet, tout ce qui tend à rompre cet équilibre, est
l'*Usure* ; et en tout temps, en tout lieu, il s'est
trouvé des êtres injustes qui se sont adonnés à cet
art funeste, consistant à donner peu pour recevoir
beaucoup.

Les changemens que la révolution a amenés dans
les opinions et les habitudes, n'ayant pas tourné
au profit des mœurs, l'usure s'est enhardie, et la
législation s'est affaiblie. Pour fixer les règles qui
doivent aujourd'hui diriger en cette matière importante, il est donc indispensable, en parcou-
rant rapidement l'histoire de cette législation,
d'en reconnaître les variantes.

2. Jadis les principes religieux, au lieu d'être
exilés des lois civiles, en étaient le fondement ;
alors l'usure, qui est l'opposé de la charité, était
en horreur, et souvent punie de peines infa-
mantes et afflictives ; le gibet même en a fait plusieurs fois justice.

3. Ce n'est pas seulement chez les nations éclai-
rées par la religion chrétienne, que l'usure était
ainsi mise au rang des iniquités ; elle était également détestée et punie partout où la civilisa-
tion avait appris aux hommes les principaux devoirs du citoyen ; Platon, Aristote, Plutarque,

Cicéron, Pline, etc., l'ont combattue de toute la force de leur éloquence. Caton l'ancien faisait observer que, dans les premiers temps de la république, on prononçait contre ce vice la peine du quadruple, tandis que le voleur n'était puni que du double : *Adeò pejorem existimabant fœneratorem quam furem*. Sur ce qu'on lui demandait, ce que c'était que de faire l'usure, il répondit : Qu'est-ce que c'est que de tuer un homme ? Tacite et Tite-Live imputent à l'usure la plupart des dissensions civiles dont Rome eut à gémir.

4. Les bases de cette théorie primitive étaient : 1°. que l'argent étant par lui-même stérile, ne pouvait produire d'intérêts que par sa conversion en fonds productifs, ce qui conduisait naturellement à la règle que le prêteur ne pouvait équitablement exiger des intérêts, qu'en abandonnant à toujours son capital ; 2°. que le taux de l'intérêt devait constamment être en rapport avec la valeur numéraire du produit annuel des fonds ruraux.

De ces sources principales, découlaient une foule de conséquences également claires et justes, répandant leur lumière sur les innombrables difficultés que la cupidité faisait naître, et s'opposant comme une digue forte aux artifices de l'usure.

5. Un des premiers succès de ceux qui ont prétendu rendre la France plus heureuse, en dé-

truisant ce que la sagesse et l'expérience avaient établi, a été de renverser cette digue, par le décret du 2 octobre 1789, qui non-seulement permet de stipuler des intérêts sans aliénation du principal, mais ajoute, *sans entendre innover aux usages du commerce.*

6. Ce décret, en donnant à penser que dans le commerce l'intérêt était arbitraire, laissa l'usure sans frein.... Le mal fut encore augmenté par la loi du 6 floréal an III, qui déclara l'*argent monnoyé marchandise.* En vain elle fut rapportée le mois suivant : rarement les abus rétrogradent avec les lois qui les ont produits. D'ailleurs, un an après, le 5 thermidor an IV, une autre loi proclama « qu'à l'avenir chaque citoyen serait libre de con- » tracter comme bon lui semblerait, et que les » obligations qu'il aurait contractées seraient exé- » cutées dans les termes et valeurs stipulés. »

7. Néanmoins, l'opinion assez générale fut d'abord que cette loi, rendue dans le moment où le papier-monnaie était avili, n'avait pour but que de délier les citoyens des entraves sans nombre dans lesquelles on les avait placés pendant ce système désastreux, et qu'elle était étrangère au taux de l'intérêt. Le grand juge partagea cette opinion dans une lettre qu'il adressa au commissaire du gouvernement de Montreuil-sur-Mer, le 30 fri-

maire an xi, en lui déclarant que, si l'usure ne faisait plus partie des délits dont le ministère public devait poursuivre la répression, l'action civile en réduction des stipulations excessives d'intérêts, n'en était pas moins fondée.

8. Cette lettre salutaire porta plusieurs Cours à user de la faculté que le chef de la justice croyait leur appartenir encore. Ainsi s'élevèrent contre les négociations usuraires la Cour de Besançon, le 24 messidor an ix; celle de Dijon, le 16 nivôse an xi; celle de Douai, le 12 thermidor an xiii; celle de Caen, le 5 décembre 1806; celle de Limoges, le 10 mars 1808; celle de Paris, le 2 janvier 1809, et celle d'Agen, le 17 août suivant.

9. Une résistance aussi unanime honore la magistrature; mais les maux eussent été sans remède, si une loi prohibitive et pénale, n'était venue révoquer la faculté, imprudemment laissée aux citoyens, de régler arbitrairement les intérêts. Les abus qui en sont résultés resteront, pour le salut des générations futures, consignés dans le discours de l'orateur du gouvernement au corps législatif, lors de la présentation du projet de loi adopté le 5 septembre 1807 : « Il suffit, pour se décider, de jeter les » yeux sur les maux qu'a produits, et que produit » encore l'arbitraire dans les stipulations. Il est » reconnu que le taux excessif de l'intérêt de

» l'argent attaque la propriété dans ses fonde-
» mens; qu'il mine l'agriculture; qu'il empêche
» le propriétaire de faire des améliorations utiles;
» qu'il corrompt les véritables sources de l'indus-
» trie; que, par la pernicieuse facilité de procurer
» des gains considérables, il détourne les citoyens
» des professions utiles et modestes; enfin, il tend
» à ruiner des familles entières, et à y porter le
» désespoir. »

Le vœu du gouvernement fut rempli; le taux de l'intérêt fut fixé à cinq pour cent en matière civile, et six pour cent en matière de commerce, sans retenue; mais l'article 5 de la loi porte qu'*il n'est rien innové aux stipulations antérieures*, et par cette disposition, les législateurs, en améliorant l'avenir, ont empiré le passé. De ce moment toutes les usures commises avant la loi, ont été consacrées comme des droits acquis; une partie même du bien que les Cours avaient pris sur elles de faire a été perdue.

Plusieurs de ceux qui avaient été contraints à lâcher leur proie, forts de ce texte formel, se sont adressés à la Cour de cassation; et cette Cour qui, elle-même, avait proscrit un anatocisme le 8 frimaire an XII, en réputant l'ordonnance de 1673 encore en vigueur, s'est vue obligée de changer sa jurisprudence, et de casser quatre des six ar-

rêts que nous avons cités, en attribuant à la loi
du 5 thermidor an IV, l'effet d'avoir rapporté les
lois anciennes sur l'intérêt. Ses décisions sont
des 3 mai 1809, 20 février 1810, 11 avril 1810
et 29 février 1812.

Tel est l'état présent de la législation sur l'u-
sure.

10. Nous allons actuellement examiner;

1°. En quoi elle peut aujourd'hui consister?

2°. Quels sont ses effets sur les contrats?

3°. A quelles actions elle peut donner lieu?

4°. Quelles preuves sont admissibles?

5°. Quelles exceptions peuvent être opposées
à l'action?

CHAPITRE II.

En quoi peut aujourd'hui consister l'Usure.

SOMMAIRE.

11. L'usure actuelle est l'usure énorme des anciens.
12. Marchandise vendue plus cher a terme qu'au comptant.
13. Usage accordé de la chose mise en gage.
14. Service exigé indépendamment des intérêts.
15. Intérêts stipulés payables en denrées.
16. Jurisprudence des Parlemens.
17. Edit de 1565 sur les rentes en grains.
18. Arrêt récent de la Cour de cassation.
19. Intérêts d'un capital fourni en denrées.
20. Intérêts du prix des meubles et des immeubles.
21. La rente pour prix d'un immeuble peut consister en denrées.
22. Cas de réduction des intérêts dans l'antichrese.
23. Usure dans les transports de rentes.
24. Usure dans les ventes de revenus.
25. Intérêts retenus d'avance.
26. Intérêts payables par mois, trimestres, etc.
27. Anatocisme.
28. Lieu de paiement.
29. Escompte.
30. Réduction d'un capital de rente pour en faire le remboursement.

11. La France ayant été livrée pendant dix-huit ans, et par les lois, à toutes les déprédations de l'usure, elles ont été portées à un tel excès;

qu'aujourd'hui un assez et trop grand nombre de stipulations, parce que l'usure y est indirecte et modérée, n'inspirent plus généralement la même indignation qu'elles excitaient auparavant. De cette dépravation de l'opinion, il suit que beaucoup de personnes qui se révoltent au récit des usures scandaleuses dont retentissent les tribunaux, se livrent cependant à des stipulations où l'usure se place indirectement, et ne lèse qu'avec modération. Plusieurs même ne le font que par ignorance.

On reconnaissait, avant la loi du 2 octobre 1789, deux espèces d'usure : l'une consistant seulement à recevoir le moindre intérêt d'un simple prêt, dont le capital n'était pas aliéné, s'appelait *l'usure* ; elle était réprouvée, les lois civiles tendant à maintenir entre les hommes le lien de charité institué par le beau précepte, *mutuum date, nihil indè sperantes;* l'autre consistant à exiger dans ce cas comme dans tous les autres, un intérêt excessif, était nommée *usure énorme.*

L'état actuel de nos mœurs, et, il faut en convenir, le prodigieux accroissement de la propriété mobilière, qui n'a plus rien de comparable à ce qu'elle était jadis, n'ont pas permis de rappeler la première espèce d'usure; la loi de 1807 ne proscrit réellement que ce qui était appelé *l'usure énorme*, et tout ce que les jurisconsultes ont enseigné à ce sujet, doit ne s'appliquer aujourd'hui qu'à ce qui serait exigé au-delà de l'intérêt légal. Cette perception excessive étant non-seulement prohibée, mais punie, il faut en conclure que, quelque soit le caractère apparent d'un traité, si son effet est de produire une infraction à cette prohibition, c'est à ce caractère réel qu'il faut s'arrêter. *Ubi agitur de fraudatione proximi, vel legis, necesse est formulas omnes verborum subsidere, solum vero effectum et veritatem realem attendi.* Dumoulin, *Tract. cout. usur*, *quest.* 25, *n°.* 236.

12. Si une marchandise est vendue à terme, et qu'il apparaisse, soit par la facture qui, quelques fois mentionne une remise proportionnée à l'accélération du paiement, soit par les livres du marchand, soit de toute autre manière, que le terme accordé a été un motif d'augmentation du prix, et que cette augmentation à excédé le taux légal, il y a usure et l'action en réduction est fondée.

13. La loi permet de nantir le prêteur en lui donnant un gage ; mais il y aurait usure, si la chose mise en gage était susceptible de location, comme sont les bijoux, les chevaux, etc. ; et qu'il fût accordé au prêteur le droit d'en faire usage,

indépendamment des intérêts. Dans ce cas, le service qu'il en aurait tiré devrait être estimé et imputé sur les intérêts.

14. Il en serait de même si, en outre des intérêts, le prêteur exigeait quelques travaux ou services lui procurant un lucre quelconque.

15. Les intérêts doivent toujours être fixés en argent, et jamais en grains, vins, ou autres choses mobilières, dont le prix suit les variations qu'éprouvent l'agriculture et le commerce. L'incertitude de ces événemens n'est pas à considérer, les prêteurs sauraient trop bien prévoir et calculer, pour que les chances leur fussent jamais préjudiciables; et, sans une prohibition absolue à cet égard, les cultivateurs et les propriétaires ne seraient bientôt que les esclaves des capitalistes. La France en a déjà fait l'épreuve. *Hi redditus*, dit Dumoulin, *quest.* 21, *n°.* 220, *sunt captiosi et periculosiores debitoribus, quam redditus pecuniæ, ut superiorum temporum experientia docuit.*

Cependant, dans ces temps anciens dont il parle, l'or de l'Amérique n'étant pas encore connu, la masse de l'argent en circulation était modique, et à peu près toujours la même, ce qui faisait que le prix des denrées, dans les années ordinaires, revenait toujours au même taux. Au XVe. siècle,

celui du froment n'était que de dix sols tournois
le septier, mesure de Paris; mais, au commencement du seizième, l'Europe s'enrichit des trésors
de nouveau monde, et bientôt les capitalistes pré-
voyant l'enchérissement graduel qui s'opérerait
dans les choses, saisirent toutes les occasions de
convertir leurs capitaux en rentes de grains,
vins, etc.

Leur prévision ne tarda pas à se réaliser; les
cultivateurs, pris au piège, firent éclater leurs
plaintes, ils crièrent à l'usure, qui, par l'événement, se trouva au-dessus de toute proportion. Les
jurisconsultes furent partagés de sentiment. Quel-
ques-uns soutenaient que ces rentes étaient licites,
ayant été créées suivant la valeur qu'avaient les
choses au moment du contrat. Le plus grand nombre prétendait qu'une redevance promise pour un
capital en numéraire, ne devait jamais excéder
l'intérêt au taux admis.

16. Pendant cet examen de point du droit, une
calamité extraordinaire aida à le résoudre. En
novembre 1525, une gelée, inouie jusques-là, fit
périr les semences déjà en terre, tout le royaume
éprouva les rigueurs de ce fléau, et les grains
s'élevèrent à une cherté extrême.

D'innombrables procès se présentèrent, et le
Parlement de Paris, entraîné par un vif sentiment

de justice et de pitié, décida, par un arrêt de réglement, que tous les débiteurs de ces rentes pourraient se libérer moyennant vingt sols par septier
de froment.

En approfondissant davantage ce sujet important, on reconnut qu'une mesure uniforme n'était
pas équitable, et qu'il fallait pour chaque rente,
réduire l'arrérage en argent, au taux légal de
l'intérêt du capital, primitivement fourni par le
créancier. Plusieurs contrats furent même annulés,
parce qu'il résulta de ce procédé qu'elles avaient
été constituées à un taux inique.

Dumoulin et Papon, *liv.* 12, *tit.* 7, rapportent
plusieurs arrêts du Parlement de Paris qui, suivant les circonstances, ont ainsi annulé, ou converti en argent, des rentes constituées en grains
ou en vin.

17. Cette jurisprudence détermina Charles IX,
à en faire une loi pour tout le royaume ; son édit,
de novembre 1565, ordonne « de réduire à prix
» d'argent et *au denier douze*, toutes rentes
» constituées en blé, de quelque temps et à quel
» que prix que ce soit, tant pour les arrérages
» dus, que pour les paiemens à faire à l'avenir,
» sans que les créanciers puissent demander autre
» chose, à peine du quadruple, et d'être punis

» suivant la rigueur des ordonnances faites contre
» les usures et les usuriers. »

18. Telle a été la législation jusqu'aux lois
nouvelles, et la Cour de cassation a eu l'occasion
elle-même de l'appliquer sur des contrats de 1782
et 1785.

En 1782, François Crouzat avait constitué au
profit de Rigaud, une rente de six rases de froment, moyennant un capital de cent quatre-vingt
francs, et trois ans après une pareille rente pour
trois cents francs. Ces deux rentes avaient été
servies jusqu'en 1811. Ce fut alors que les repré-
sentans de Crouzat traduisirent Rigaud devant le
tribunal de Gaillac, et conclurent contre lui à ce
qu'elles fussent déclarées usuraires, et qu'il fût
condamné à leur restituer trois cent cinquante-
deux francs, qu'il se trouvait avoir reçu au-delà
de l'intérêt légal.

Un jugement du 5 avril 1811, réduisit les deux
rentes à vingt-trois francs, et rejeta la demande
en restitution des arrérages, par le motif que,
dans l'ancien Parlement de Toulouse, on suivait
la maxime : *Usuræ solutæ non repetuntur*. Soumis à la censure de la Cour de cassation, il a été
cassé : « Attendu, 1°. qu'il résulte de l'édit de
» novembre 1565, que toute rente constituée en
» grains doit être réduite au taux légal, sur la

» demande du débiteur; qu'il n'importe à cet
» égard, que cette demande ne soit formée qu'au
» moment même de l'action du créancier contre
» le débiteur, puisque, d'après la loi romaine
» 18 *Cod. de usuris,* qui régissait le territoire
» du ci-devant Parlement de Toulouse, l'action
» en répétition d'intérêts usuraires était accordée
» au débiteur, lors même qu'il ne les avait payés
» qu'après le remboursement du capital; attendu,
» 2°. que la maxime énoncée dans ce jugement,
» n'est applicable qu'au cas d'intérêts qui ne dé-
» rivaient ni de la loi, ni de la stipulation, mais
» qui n'étaient pas prohibés, et non point à celui
» où, comme dans l'espèce, la loi les déclare usu-
» raires; d'où il résulte que ce jugement a, non-
» seulement fait une fausse application de cette
» maxime, mais en outre formellement contre-
» venu, tant à l'édit de 1565, qu'à la loi romaine
» ci-dessus citée, en refusant aux demandeurs
» l'imputation d'arrérages par eux réclamée sur
» les deux capitaux des rentes dont il s'agis-
» sait. » *Voy. le Journal du Palais, tom.* 36,
pag. 552.

Les tribunaux n'hésiteront sans doute pas à appliquer les dispositions de cet édit, non-seulement aux contrats de cette nature antérieurs au
décret du 5 thermidor an IV, mais aussi à ceux

postérieurs à la loi de 1807. D'une part, si l'édit de 1565 avait été abrogé par le décret du 5 thermidor an IV, ce décret a lui-même été abrogé par la loi de 1807 ; de l'autre, les mêmes motifs qui, avant cet édit, portaient les Parlemens à prévenir le vœu du monarque, parce qu'exiger des denrées dont le prix habituellement variable, devient, par leur rareté, momentanément exorbitant, était à leurs yeux une violation manifeste des lois sur le taux de l'intérêt ; détermineraient les juges à tirer la même conséquence de la loi de 1807.

Il n'y aurait donc à l'abri de cette conversion que les contrats passés depuis juillet 1796, jusqu'en septembre 1807, suivant qu'il a été jugé par la Cour de Caen le 8 décembre 1806, et celle de cassation le 3 mai 1809. V. *le journal du Palais,* 2e. *semestre* 1809, *pag.* 214.

L'édit de 1565 ne parle, il est vrai, que des rentes de blé ; mais il faut étendre sa disposition à toutes celles en denrées, la raison étant absolument la même. Si ce motif ne paraît pas suffisant parce que, pour annuler un acte, il faut une loi spécialement prohibitive, on doit considérer que cet édit n'est qu'interprétatif des lois sur le taux de l'intérêt, et que ces lois, par cela seul qu'elles règlent l'intérêt par une partie aliquote du principal, exigent que cet intérêt

soit en argent, comme le principal. C'est ce qu'en-
seignait, dès le 15e. siècle, le jurisconsulte na-
politain Alexandri, *dans son Conseil* 180, *in
fin., lib.* 7; *statutum permittens judœis fœnerari,
usque ad rationem tot denariorum pro librâ,
non potest nec debet extendi ad alias species
fungibiles.*

19 La même décision devrait avoir lieu, quand
le capital fourni par le créancier l'aurait eté en
denrées, comme si, pour vingt mesures de
grain, il avait obtenu la redevance annuelle d'une
mesure. Le capital par lui ainsi donné, n'a été
reçu que pour être consommé, et n'est devenu
susceptible de produire des intérêts que par sa
consommation; il ne peut donc être regardé que
comme représentatif du prix qu'il avait dans l'instant qu'il a été livré par le créancier au débiteur.

20. Lorsque le capital a été fourni en meubles
ou immeubles, et non en deniers, le vendeur,
pour ses intérêts, pendant les délais qu'il accorde,
ou pour sa rente, s'il vend à ce titre, peut-il stipuler une somme plus forte que celle réglée par
la loi, pour un capital en numéraire ?

Cette question a été très-controversée. Brodeau
est le premier qui, sur l'art. 94 de la coutume de
Paris, ait enseigné l'affirmative, en disant, qu'en

ce cas, l'élévation de l'intérêt fait partie du prix. Le Parlement n'adopta pas son opinion, et, par un arrêt du 29 décembre 1648, il réduisit l'intérêt stipulé dans la vente d'un office.

Duplessis, écrivant depuis cet arrêt, rappela l'opinion de Brodeau, mais en prévenant de la décision qui lui est contraire.

Beroyer et Delaurière, ses annotateurs dans l'édition de 1699, ont voulu faire revivre le sentiment de Brodeau, en se prévalant « de ce que » l'arrêt de 1648 avait été rendu contre les con- » clusions de l'avocat-général Talon, et préten- » dant que les principes du droit résistaient au » préjugé de cet arrêt; qu'en conséquence, plu- » sieurs estimaient qu'il fallait le restreindre, au » moins, au cas d'un office, et ne pas l'étendre » à celui d'un héritage qui produit des fruits, et » un revenu plus solide que celui d'un office. »

Davot, dans son *Traité du Droit français*, t. 3, p. 121 (de l'édition de Bannelier), partage cette opinion pour les ventes d'immeubles à terme. Il annonce aussi que quelques auteurs ont cru « qu'en ce cas, si on créait une rente, pour le » paiement du prix, il serait permis de ne pas » s'assujétir au denier courant pour les arréra- » ges. » Il cite Brodeau et Lapeirère, et même fort mal à propos Duplessis, qu'il a confondu avec

ses annotateurs, puisqu'il regardait l'arrêt de
1648, comme terminant la difficulté : « Mais ,
» ajoute-t-il, il faut se défier de cette opinion ;
» car, quand l'acheteur crée une rente, il est censé
» avoir payé le prix, et il faut raisonner comme
» si les deniers avaient été comptés, et qu'ils
» eussent été remis à l'acquéreur pour en aliéner
» le capital. En un mot, dès que c'est une rente
» créée, elle est dans la disposition de l'ordon-
» nance. »

Il renvoie lui-même, pour cette dernière manière d'envisager la question, à l'arrêt de 1648, à
Basnage, *sur l'art. 524 de la coutume de Norman-
die*, et à Bouvot, *t. 2, au mot rente, question 5.*

Nous pouvons ajouter à ces dernières autorités,
la loi 13, *ff. de act. empt. Papinianus respon-
disse se refert, si convenerit, ut ad idem pretio
non soluto, venditori duplum præstaretur : in
fraudem constitutionum videri adjectum quod
usuram legitimam excedit.*

Dumoulin, *quest.* 27, a prévu cette question
et en a donné la même solution.

Enfin , Denisart, Rousseaud – Lacombe , et l'auteur du Répertoire de jurisprudence, au mot *intérêts*, rappellent l'arrêt de 1648, et font de sa
décision la règle sur la matière. Dans le dernier
de ces recueils, on rend compte d'un second arrêt

du 4 février 1716, qui a jugé dans le même sens, aussi pour le prix d'un office ; et en outre d'un troisième arrêt du 11 décembre 1638, conséquemment antérieur à celui dont parlent tous les autres auteurs, qui précisément a statué sur le prix d'un immeuble, cas dont Beroyer et Delaurière ont voulu au moins faire l'objet d'une exception.

Un héritage avait été vendu moyennant une rente de cent cinquante francs, rachetable de quinze cents francs, et le bail à rente avait été déclaré valable par le baillage de Mantes. Le Parlement, au contraire, le déclara vicieux et usuraire, et ordonna que l'excédant de l'intérêt légitime payé par le débiteur, serait imputé sur le sort principal.

La question doit encore moins aujourd'hui être problématique, la loi de 1807 disposant de la manière la plus générale, sur le taux de *l'intérêt conventionnel*. D'un texte aussi précis il résulte que toute convention d'intérêts, quelle qu'en soit la nature, doit être réglée par sa disposition.

Ajoutons enfin que le système contraire se fondait sur une illusion. La stipulation d'intérêt dans un contrat de vente fait partie de la convention ; mais elle ne fait pas partie du prix, puisque le jour même du contrat, l'acheteur peut se libérer en payant le capital, sans y rien ajouter. Elle n'est donc en réalité que la faculté donnée à l'acheteur de conserver ce capital , en supportant la peine convenue pour le retard, et proportionnée au temps de ce retard ; ce qui n'est autre chose qu'un intérêt conventionnel.

Ainsi , dans l'espèce jugée par l'arrêt de 1638, la défense la plus spécieuse du créancier a pu consister à dire : en vendant mon héritage , maître d'en fixer le prix , j'ai voulu une rente de 150 fr. , j'ai consenti, en même temps, à réduire mon capital à 1500 fr. , c'est-à-dire à moitié ; mais cette clause est favorable au débiteur, et n'est pas défendue : la réponse est qu'on apprécie les conventions, non par des subtilités plus ou moins ingénieuses, mais par leurs effets , suivant la règle de Dumoulin. (*V*. ci-dessus, pag. 10.) Or, en appréciant cette vente par ses effets, son prix ne consiste pas dans la rente , puisque, comme nous venons de le dire, l'acheteur pouvait se rédimer sur-le-champ , en payant les 1500 fr. de capital ; il n'y avait donc que cette somme qui fût assurée au vendeur , elle seule constituait réellement le prix, le surplus était la peine stipulée pour le retard. Or , suivant l'article 1153 du Code civil, la seule peine , pour le retard d'un paiement , consiste dans l'intérêt légal de la somme due.

21. On peut objecter, à l'égard des immeubles, que la rente peut être créée en fruits, puisque tel

est l'usage, et qu'aucune loi ne l'a défendu ; que
dès-lors le vendeur peut, pour l'intérêt de son
prix formant le capital de la rente, obtenir en
fruits, une valeur plus considérable que l'intérêt ;
que, s'il le peut par ce moyen, il doit le pouvoir
en fixant la valeur des fruits à une somme plus
forte que celle de l'intérêt.

Cette conséquence n'est pas exacte : la rente
consistant en fruits, n'a qu'une valeur variable qui
ne représente qu'imparfaitement une convention
d'intérêts, tandis que si l'on règle la valeur des
fruits en une somme fixe non variable, il n'y a
réellement qu'une convention d'intérêts soumise
inévitablement à la loi.

Ce que nous disons en ce moment de la rente
en fruits, provenant de vente d'héritages, peut
paraître contradictoire avec ce que nous avons dit
précédemment, de celle qui serait ainsi créée pour
un capital en deniers ; mais la contradiction n'est
qu'apparente. Dans ce dernier cas, la prestation
obtenue par le débiteur ne peut être autre chose
qu'un intérêt, puisque les valeurs fournies ne
produisent pas de fruits par elles-mêmes, et ne
sont utiles que par la consommation qui en est
faite ; alors il y a convention d'intérêt. Dans le
premier cas, au contraire, la redevance promise
est moins une convention d'intérêts, que la ré-

serve faite au profit du vendeur d'une portion des fruits de l'héritage par lui vendu, jusqu'au moment où le prix lui en sera payé. Tant que ce paiement ne lui est pas fait, il reste, en quelque sorte, propriétaire de l'héritage qu'il n'a vendu qu'à la condition d'en recevoir le prix ; et par l'article 1654 du Code civil, il a le droit de le reprendre, si la condition n'est pas remplie.

22. Avant les lois nouvelles sur l'intérêt, l'antichrèse n'était pas admise dans les provinces où le prêt temporaire à intérêt était prohibé, parce qu'en effet ce contrat n'est pas autre chose qu'un prêt sur gage, dont le gage est un immeuble. Aujourd'hui qu'il est permis de stipuler l'intérêt d'un capital prêté pour un temps limité, le Code a dû introduire également le contrat d'antichrèse. C'est ce qu'ont fait ses rédacteurs dans les articles 2085 et suivans. Mais l'article 2089 porte : « Lorsque » les parties ont stipulé que les fruits se com- » penseront avec les intérêts, ou totalement, ou » jusqu'à une certaine concurrence, cette con- » vention s'exécute comme toute autre qui n'est » point prohibée par les lois. »

Pour saisir le sens de ce texte, un peu obscur, il faut se reporter à l'article 1907 où il est dit : « L'intérêt conventionnel peut excéder celui lé- » gal, toutes les fois que la loi ne le prohibe pas. »

Lors de la composition de ce précieux ouvrage, les auteurs, trop intimidés par les nouvelles doctrines, à la faveur desquelles l'usure exerçait ses pillages sans pudeur ni mystère, ne crurent pas devoir placer la prohibition de ce fléau au rang des règles invariables de notre législation, comme s'il y avait des conjonctures probables qui puissent le faire tolérer ; mais au moins ils osèrent le signaler, et réserver à de plus hardis législateurs le soin de le réprimer. C'est à ce vœu que se réfèrent les modifications contenues dans les articles 1907 et 2089.

Aujourd'hui donc qu'une barrière est opposée à la cupidité, si, dans une antichrèse, il a été convenu que les fruits appartiennent au créancier, pour lui tenir lieu des intérêts de sa créance, le débiteur est fondé à réclamer une estimation du produit annuel de l'immeuble ; et, si ce produit, calculé sur une année moyenne, excède notablement l'intérêt permis, il y a lieu à réduction. Nous disons *notablement*, parce qu'il y a toujours un arbitraire inévitable dans l'estimation d'un revenu aussi incertain que celui des immeubles, et que, lorsqu'il s'agit de porter atteinte à un contrat, on ne doit le faire qu'appuyé sur une certitude.

23. Le transport d'une rente, pour un prix moindre que son capital, présente-t-il une né-

gociation usuraire? l'affirmative n'est pas susceptible de difficultés, s'il y a de la part du cédant *promesse de fournir et faire valoir*, puisque, par cette stipulation, il constitue la rente sur lui-même, et que celle cédée n'est qu'une indication de paiement.

On peut hésiter davantage, quand le transport est fait sans garantie; néanmoins, même dans ce cas, nous estimons qu'il y a usure. Le lucre de l'acheteur et la perte du vendeur, sont de même nature que dans le contrat de constitution à un taux exagéré. Que pour 100 fr. je constitue une rente de 60 fr. sur moi, ou que je donne à la prendre sur mon débiteur, n'est-ce pas, quant à la perte que j'éprouve, et au gain que je procure à l'acheteur, absolument la même chose? L'usure dans la cession est même plus forte que dans la constitution, puisqu'alors elle pèse sur le capital comme sur les intérêts.

Le motif qui fait illusion ordinairement, est que le cessionnaire sans garantie, prend la solvabilité du débiteur à ses risques; mais, dans tous les prêts directs, le créancier n'a également qu'un débiteur; ne sait-on pas, d'ailleurs, que la prévoyance est en proportion de la cupidité?

On trouvera peut-être que nous portons trop loin les conséquences de la loi de 1807. Nous

répondrons avec Domat : « Il est du devoir
» des juges d'appliquer les lois, non-seulement
» à ce qui paraît réglé par leurs dispositions ex-
» presses, mais à tous les cas où l'on peut en
» faire une juste application, et qui se trouvent,
» ou dans le sens exprès de la loi, ou dans les
» conséquences qu'on peut en tirer. » *Traité des
Lois, chap.* 12, *art.* 18.

Si l'on nous opposait les négociations de rentes
sur l'État, nous dirions qu'elles font partie des
effets publics, qui, de tout temps, ont été mis
dans le commerce par des lois particulières ; que
ces effets ne se vendent qu'à la Bourse, par l'en-
tremise d'agens agréés et surveillés par le gouvernement, avec des formes protectrices, et suivant
un cours connu ; que, conséquemment, ces effets
sont infiniment moins exposés aux exactions, que
les rentes sur particuliers, dont le transport se fait
de gré à gré, entre celui qui manque d'argent et
celui qui en a trop.

Ajoutons que le sentiment contraire rouvrirait
à l'abus, une des portes que la loi de 1807 a voulu
fermer. Le capitaliste qui voudrait une rente
usuraire, la ferait constituer au profit d'un tiers,
qui la lui céderait sans garantie.

Ce que nous venons de dire n'est pas applicable
aux rentes vendues en justice ou par son autorité :

les formes observées garantissent de toute espèce
de fraude.

A l'égard des cessions de créances à terme, elles
seront comprises dans ce que nous dirons, n°. 29,
sur l'escompte.

24. La cession pour un temps déterminé d'un
revenu à percevoir moyennant un prix convenu,
est un véritable prêt, le capitaliste devant re-
trouver dans les revenus qui lui sont délégués,
ses intérêts et son capital. Cette négociation doit
incontestablement être soumise aux dispositions
de la loi de 1807, si elle les a enfreintes.

Prenons pour exemple les fermages d'un domaine produisant net 2,000 francs, qui seraient
cédés pour dix années, moyennant l'avance d'une
somme de 10,000 francs. Si l'on remarque que le
prêteur, dès la première année, reçoit 500 fr.
pour ses intérêts et 1,500 fr. sur son capital; que
la seconde, ses intérêts étant moindres, il reçoit
d'autant plus sur le capital; qu'il en est de même
dans les années suivantes, en sorte qu'en recevant
la sixième, il est complètement payé, et reçoit
de trop 202 fr. 89 c.; on reconnaîtra combien serait usuraire cette convention, si elle était exécutée jusqu'à la dixième année.

Quand les revenus cédés consisteraient en fruits,
l'incertitude de leur valeur annuelle ne ferait pas

échapper le prêteur à cette vérification ; dans ce cas , comme dans celui de l'antichrèse , avec lequel il a beaucoup d'affinité , l'estimation des fruits , sur une année commune , deviendrait la base de la supputation nécessaire.

25. A peine est - il besoin de signaler comme inique, cet usage si fréquent , quand l'usure levait sa tête impunie, de retenir l'intérêt sur le capital, au moment même du prêt. Celui qui voudrait agir ainsi, ne peut pas se dissimuler que ce qui ne sera pas sorti de ses mains, et que l'emprunteur aura tout au plus aperçu , n'aura pas été prêté par lui, et que , sur les 3,000 fr. promis , s'il retient 150 fr., il n'aura prêté que 2,850 fr., dont le débiteur, au bout de l'an, pourra se libérer en ne lui payant que 2,992 fr. 50 c. Il doit enfin observer que , dans cette hypothèse , exiger le paiement intégral des 3000 fr., ce serait percevoir une usure de 7 fr. 50 c., et porter l'intérêt à 5 1/4 pour cent environ.

26 Lorsque le prêteur, au lieu de retenir l'intérêt au moment même du prêt, le fait rentrer dans son coffre par partie durant l'année , par semestre, trimestre et quelquefois par mois, l'exaction est moindre, mais elle est du même genre. Une telle accélération de paiement transporte au prêteur le profit que le débiteur aurait pu tirer

de ces sommes que la loi suppose en sa possession pendant l'année entière.

Ces observations peuvent paraître minutieuses, mais elles sont vraies, et c'est parce qu'elles le sont, que les capitalistes tiennent à ces procédés qui, par leur répétition, et surtout appliqués à des sommes importantes, amènent des résultats lucratifs pour eux, et conséquemment onéreux pour les emprunteurs.

Un prêt temporaire fait pour une ou plusieurs années, et surtout une rente constituée avec des obligations de cette nature, devraient donc être ramenés au paiement annuel. Dans tous les temps, l'intérêt de l'argent a été fixé par an, parce qu'il est le représentatif des fruits de la terre qui ne les donne qu'une fois par année. Dans le commerce, il est vrai, les produits de l'argent se renouvellent plus souvent ; mais aussi, depuis plusieurs siècles, l'intérêt commercial est-il plus élevé que celui des négociations civiles.

27. L'anatocisme, qui consiste à capitaliser les intérêts après des périodes convenues, et à leur faire produire des intérêts, était jadis prohibé. Le Code civil, art. 1154, l'a admis, mais avec une restriction importante, pourvu que la période soit au moins d'une année ; disposition qui, évidemment, a été suggérée par les motifs

que nous venons de développer. Ainsi, ces comptes de banque qu'on arrête tous les six ou trois mois, quelquefois tous les mois, et dont le reliquat, comprenant les intérêts de la période précédente, est capitalisé, sont, en cette partie, usuraires et réformables.

Ils le sont même en matière de commerce : le Code est la législation générale, et toutes les exceptions que le commerce pouvait réclamer, y sont expressément indiquées, art. 1541, 2084, etc.: au-delà commence l'abus, et la plainte serait écoutée.

28. La convention qui impose à l'emprunteur l'obligation de payer au domicile du créancier résidant dans un lieu éloigné, aggravant sa dette, peut-elle être réputée illicite? Quelques auteurs l'ont pensé, notamment Rousseaud de la Combe, au mot *rente*. Plusieurs autres ont enseigné qu'elle était valable, et ce dernier sentiment doit l'emporter. Il n'y a d'usure que dans ce qui tourne au profit du créancier, en outre du produit légal de ses fonds. Il faut qu'il y ait un lucre pour lui, *lucrum exactum* : or, les frais et les dangers du transport des espèces, tout en ajoutant aux obligations de l'emprunteur, ne donnent au créancier rien de plus que ce que la loi lui attribue, et qu'il recevrait en plaçant son argent dans

le lieu même qu'il habite. Aussi le Code civil, qui a renfermé l'anatocisme dans des bornes étroites, a-t-il laissé la plus grande latitude à l'indication du lieu où le paiement doit se faire. (Art. 1247.)

29. L'escompte est un lucre que fait un capitaliste sur sa propre dette, ou celle d'autrui, en en faisant le paiement avant le terme stipulé; c'est un véritable intérêt conventionnel, soumis conséquemment aux dispositions de la loi du 3 septembre 1807 : légal et modéré, c'est un des grands ressorts du commerce : excessif, il en est le fléau.

Dans les transactions civiles, il peut également être utile; plus souvent il n'y est qu'un moyen d'iniquité. Plusieurs l'employent sans en connaître la nature; ne sachant pas que, lorsqu'ils paient avant l'échéance, à la faveur d'une réduction de la dette, ils font l'escompte et parfois l'usure.

Au barreau même, on ne l'aperçoit pas toujours : on en a un exemple frappant en ce moment. Il existe, devant la Cour royale de Paris, un procès auquel on a cherché à donner un éclat fâcheux, en publiant un mémoire pour le sieur Masson, maire de Serbonne, contre le sieur Rousset, journalier à Saint-Valérien.

L'auteur de ce mémoire, écrit avec talent, y fait cependant, avec une rare ingénuité, l'exposé d'une exaction révoltante. On y lit que, le 9 dé-

cembre 1813, le sieur Masson, pour éviter à son
fils tous les dangers du service militaire, surtout à
cette désastreuse époque, convint avec Rousset
qu'il se chargerait de courir ces hasards pour le
jeune homme, moyennant, entre autres conditions, une somme de 7,000 francs, portant intérêts
à cinq pour cent, et exigible dans le cours de
sept années, à compter de deux ans après l'admission de Rousset; que, le 26 juillet 1814, le
premier septième ne devant échoir que dix-huit
mois après, Masson se libéra avec la modique
somme de 4000 francs.

Un calcul, facile à vérifier, fait voir l'énorme
intérêt que cette somme, ainsi négociée, lui a
rapporté. S'il l'eût placée au taux légal, pour le
temps pendant lequel sa libération devait s'effec-
tuer, il n'en aurait eu que 899 francs 99 cent.;
donnée en échange de sa dette, elle lui a produit
3,676 francs, c'est-à-dire, un intérêt de plus de
20 pour cent par an.

A nos yeux, cette exaction est une usure formelle. On n'en peut d'autant moins douter dans
l'espèce, qu'à chaque page du mémoire on a
peint très-naïvement toutes les circonstances dont
l'usure sait tirer parti : la misère de Rousset, son
penchant à la débauche, son désir continuel de
se procurer de l'argent à tout prix; l'état de ten-

tation dans lequel on a su le placer, et jusqu'aux soins, pris par lui et le sieur Masson, de se cacher de la femme de ce malheureux, qui, plus sage que lui, aurait déconcerté l'intrigue.

Cependant, les Conseils de Rousset, par une pitié louable, mais irréfléchie, ont entassé procédure sur procédure, plainte en escroquerie, plainte en faux, etc., sans apercevoir la véritable action qu'il convenait de saisir.

L'escompte a toujours été mis au rang des *intéréts conventionnels*. Sous l'empire des anciennes lois, dans tous les cas où il n'était pas permis de stipuler des intérêts, il ne l'était pas davantage de retenir au créancier la moindre somme, pour le prix de l'anticipation de paiement, et dans tous ceux où cette négociation était licite en soi, l'escompte devait se faire au taux légal de l'intérêt ; s'il l'excédait, il y avait usure.

Pothier, dans son traité de l'usure, a consacré une section entière à l'escompte. (V. *Partie* 11, *section* 5.) Il s'y exprime ainsi : « De même qu'il » n'est pas permis au prêteur d'une somme d'ar- » gent d'exiger rien au-delà de la somme prêtée, » lorsque ce qu'il reçoit au-delà de la somme » prêtée, n'est autre chose que *lucrum ex mutuo* » *exactum* ; de même, celui qui paie d'avance à » un créancier la somme d'argent qui lui est

» due, ne peut licitement rien retenir de cette
» somme, lorsque ce qu'il retient n'est autre
» chose qu'un profit et une récompense de l'a-
» vance qu'il fait : *lucrum ex prærogatâ solu-*
» *tione exactum.* Il y a entière parité de raison....
» mais lorsque le paiement que quelqu'un fait
» d'avance à un créancier, cause quelque perte
» à celui qui fait le paiement, ou le prive de
» quelque gain qu'il eût fait sur la somme qu'il
» paie d'avance ; celui qui paie d'avance peut, en
» ce cas, retenir licitement sur la somme qu'il
» paie, un escompte jusqu'à concurrence de la
» perte que lui cause l'anticipation de paiement,
» ou du gain dont elle le prive. Cet escompte en
» ce cas est licite.... En cela l'escompte est sem-
» blable à l'intérêt du prêt, qui n'est illicite et
» usuraire que lorsqu'il renferme un profit que le
» prêteur retire du prêt, lorsqu'il est *lucrum ex*
» *mutuo exactum,* et qui au contraire est permis,
» lorsqu'il ne renferme qu'un juste dédommage-
» ment de la perte que le prêt cause au prêteur,
» ou du gain dont elle le prive, comme nous l'a-
» vons vu dans la section précédente. »

Pothier ne dit pas que l'escompte licite ne peut
pas excéder le taux légal de l'intérêt, parce que,
dans cet endroit, il n'a en vue que les transactions
civiles, et qu'alors, dans ces transactions, les in-

térêts compensatoires n'étaient jamais admis dans le for extérieur, ainsi qu'il l'enseigne dans la 4e. section, n°. 124, à laquelle il renvoie. Mais, plus bas, occupé des matières commerciales et de l'escompte entre marchands, il dit : « L'acheteur » fait diminution au vendeur d'une partie de la » somme pour l'escompte, c'est-à-dire pour l'in- » térêt que la somme aurait produit depuis le » paiement que fait l'acheteur jusqu'au jour de » l'échéance du billet. »

Jousse, sur l'article 1er. du tit. 6 de l'ordon- nance du commerce de 1673, dit également : « L'escompte est une espèce d'intérêt ; c'est une » diminution du prix, à cause de l'anticipation » du paiement fait avant l'échéance du billet ou » de la lettre.... Il est bon d'observer que, pour » que l'escompte soit légitime, il faut que le » droit d'escompte soit perçu sur le pied où est » fixé l'intérêt dans le lieu où se fait le marché, » ou plutôt dans celui du domicile de celui qui le » stipule à son profit, c'est-à-dire de cinq pour » cent si c'est en France, et ainsi des autres » royaumes. »

Voudrait-on prétendre que le sacrifice que fait le créancier pour avoir son paiement plutôt, n'est qu'une remise partielle de la dette ; que ce mode de libération est compris par le Code parmi les

⌣ fers moyens d'éteindre les obligations (articles 1382 et suivans); que la remise totale pouvant être faite légitimement, celle d'une partie ne peut pas être une infraction aux lois?

D'abord dans le Code, comme dans les écrits des jurisconsultes qui ont écrit sur les obligations, la remise de la dette ne s'entend que de celle totale, par l'effet de laquelle cette dette est éteinte. Tous n'en parlent qu'à l'occasion de l'existence du titre dans la main du débiteur, qui fait présumer cette remise. Lorsqu'elle est ainsi absolue, elle ne laisse pas de doutes sur la nature de l'opération. C'est un acte de générosité, on ne peut que féliciter celui qui a trouvé dans sa fortune les moyens d'être ainsi désintéressé, et dans son cœur le sentiment qui l'y a porté ; puisqu'il ne reçoit rien, il ne peut pas subir le soupçon.

La remise partielle même serait également louable et très-licite, si elle avait lieu sur une créance actuellement exigible : dans ce cas, comme dans le premier, c'est un contrat de *bienfaisance* qui ne suggère par lui-même aucune suspicion.

En est-il de même de la remise partielle sur une créance dont le paiement est anticipé? il intervient nécessairement entre le créancier et le débiteur, un contrat *commutatif*, reposant sur la base commune, *do u des*, *facio ut facias*. Il faut que les contractans fassent un échange de leurs droits respectifs; que le débiteur fasse le sacrifice des termes dont il pourrait jouir, et qu'il paie, quand, ayant terme, il ne doit rien; il faut que le créancier, par réciprocité, réduise sa créance à la somme qu'il reçoit.

Le contrat d'escompte est donc, dans son essence un contrat *intéressé et commutatif*. Ce serait même improprement que, dans cette négociation, on appelerait *remise* le sacrifice du créancier. La remise de la dette, en droit, ne s'entend que de la remise gratuite : dans l'escompte, s'il y a, d'un côté, remise d'une partie de la dette, de l'autre il y a remise du temps, pendant lequel le créancier aurait été privé de son capital, et quand il y a remise réciproque et conventionnelle, ce n'est plus *remise*, c'est un forfait, c'est une composition.

Or, la composition qui se négocie sur un capital en deniers, et dont toutes les combinaisons n'ont pu être mesurées que sur une période de temps, est une convention d'intérêts, elle ne peut être que cela.

Qu'on ne dise pas que la loi du 3 septembre 1807 n'a pas, par son silence sur l'escompte, rappelé à cet égard l'ancienne jurisprudence. Elle l'a très-catégoriquement rappelée par les expressions

générales de son premier article : « L'intérêt con-
» ventionnel ne pourra excéder en matière civile
» cinq pour cent, et en matière de commerce six
» pour cent, le tout sans retenue ». Nous avons
effectivement prouvé que l'escompte n'est pas autre
chose qu'un intérêt conventionnel (1). C'est, si
l'on veut, une espèce différente de celle qui est la
plus ordinaire, mais la loi qui règle le genre,
règle toutes les espèces. Les anciennes lois ne dé-
signaient pas davantage l'escompte, quand elles
fixaient le taux de l'intérêt, parce qu'une mesure
générale embrasse tous les cas particuliers.

50. Quelque analogie qu'il y ait, sous une in-
finité de rapports, entre la convention d'escompte,
et celle qui se fait sur le capital d'une rente, pour
son remboursement, entre le créancier et le débiteur de cette rente, la décision nous paraît devoir être très-différente. Dans cette seconde hypothèse, aucune période de temps ne sert de mesure
pour la diminution exigée par l'un, et accordée
par l'autre : cette diminution est le prix du droit
que le débiteur et les siens avaient de conserver

---

(1) On lit, il est vrai, dans l'art. 3, « quand le prêt conventionnel
sera prouvé, etc. », d'où l'on voudra peut-être conclure que cette nouvelle loi ne s'applique qu'au prêt, et non à l'escompte. L'escompte est
un prêt qui, pour être indirect, n'en est pas moins flétri, quand il est
excessif, de la même immoralité que le prêt direct.

à toujours le capital aliéné. Ce droit n'est susceptible d'aucune appréciation, comme la libération
d'une créance à terme payée avant l'échéance. Si
le débiteur d'une rente la rachète à vil prix, il
fait, sans doute, une action blâmable, mais il ne
fait pas l'usure. C'est ainsi que celui qui profite
de la misère d'un autre, pour, en achetant sa
terre, se procurer un revenu excédant de beaucoup celui qu'il aurait obtenu de son capital, en
le plaçant à intérêt, commet une lésion, et ne fait
pas l'usure; chaque genre de contrat a ses règles
particulières.

CHAPITRE III.

Effets de l'Usure sur les Contrats.

SOMMAIRE.

31. L'Usure n'est plus une cause de nullité radicale.
32. Le contrat simulé est valable pour ce qu'il a de licite.
33. Il l'est contre le prêteur.
34. Contrat absolument nul.

29. Jadis dans tous les cas où la stipulation d'intérêts se trouvait illégitime, ou parce que la nature du contrat ne la permettait pas, ou parce que les conditions alors requises avaient été méconnues, l'usure était une cause de nullité radicale ; il ne restait de la convention qu'une action personnelle du créancier contre le débiteur, en restitution du résidu du capital, déduction faite de tout paiement sur les intérêts : les cautions étaient libérées, les hypothèques étaient affranchies. Cette règle rigoureuse prenait sa source dans la réprobation absolue de ce vice, réprobation dont la religion avait pénétré les lois civiles. *Cum nullus in pœnam, ob peccatum contra legem is publicum.* Dumoulin, *quest.* 15.

Lorsque les stipulations d'intérêts n'étaient ré-
préhensibles que parce que le taux légal avait
été dépassé, on distinguait encore entre celles
qui le dépassaient immodérément, et celles où
quelque modération avait été gardée. Par exemple, du temps de Dumoulin, l'intérêt étant au
denier douze, s'il surpassait le *denier dix*, le
contrat était totalement annulé : *Quid enim jus-
tius*, dit ce jurisconsulte, *quam qui usquè adeò
fœnore improbo se se maculat... in perpetuum
in eo ipso puniri in quo peccavit, vide licet ut
omne lucrum amittat qui tàm avidum lucrum
et nimis exhorbitans, contrà omnia jura et
mores affectavit?* Si l'intérêt n'excédait pas le
denier dix, le contrat n'était pas annulé, il
n'était que réductible, et les hypothèques données,
comme les cautions fournies, restaient obligées.
Dumoulin, *ibid.*

Quelque morale que fût cette théorie, bannie
de notre législation en l'an 4, elle n'y a pas
été rappelée par la loi de 1807, qui n'a institué
qu'une action en restriction d'intérêt. Il ne peut
donc plus y avoir, sous ce rapport, de contrat ra-
dicalement nul, et le créancier conserve, pour ce
que sa créance a de légitime, et les hypothèques
et toutes les autres sûretés promises.

52. Le contrat fût-il frauduleux et simulé, si

un immeuble a été l'objet de la simulation, il reste affecté comme gage, à ce que le créancier peut justement réclamer du débiteur. Si, par exemple, les contractans voulant ne faire qu'une antichrèse, mais donner au prêteur le droit de conserver l'héritage, faute de paiement de la somme prêtée dans le délai convenu, au mépris de l'article 2088 du Code civil, ont eu recours à la vente avec faculté de réméré, et que la fraude soit établie, l'acte ne sera nul que comme contrat de vente; il vaudra comme antichrèse, et le prêteur conservera le droit que lui donne l'art. 2087, de poursuivre l'expropriation de son débiteur.

De même, si l'emprunteur a vendu au prêteur son héritage, et l'a racheté de lui moyennant une redevance en grains ou autrement usuraire, les usures payées seront imputées sur le principal, la redevance sera réduite; mais jusqu'au remboursement, l'héritage simulément vendu sera hypothéqué à la sûreté de la rente.

Dans toutes les causes de cette nature, les juges ne peuvent pas acquérir la conviction de la simulation, sans prendre celle de la véritable intention des parties. S'ils reconnaissent que le créancier a trop exigé, ils voient aussi qu'en voulant le plus il voulait le moins; et que, si le débiteur, pressé par un besoin urgent, a consenti aux conditions dures qui lui ont été faites , il a entendu, au moins , faire tout ce que la loi lui permettait de faire. Lors donc que, dans une de ces hypothèses , le débiteur ou ses cautions , ou ses créanciers , sollicitent l'affranchissement total des sûretés fournies , tout en demandant justice d'une déloyauté, ils en commettent une autre , et ne craignent pas de proposer à la justice d'y participer. Il faut revenir à la règle générale, que quand un acte ne vaut pas comme il est , il vaut comme il aurait pu être : *Tùm si non valet quod ago , ut ago , valet ut valere potest.* Dumoulin , *ibid.*

Il est effectivement de principe général que les conventions , liens nécessaires entre les hommes, restent obligatoires dans tout ce que la loi ne défend pas, et qu'elles ne doivent tomber dans le néant , qu'autant qu'elles ne peuvent pas avoir un sens qui les conserve. C'est par suite de ce principe que s'est établie récemment la jurisprudence qui maintient les donations simulées , quand elles sont faites à personnes capables de recevoir , et ne dépassent pas la portion disponible , ou qui les y ramène , quand elles la dépassent.

53. Des mêmes prémisses, naît une seconde conséquence qui n'est pas moins importante. La

plainte d'usure formée par le débiteur n'autorise
pas le créancier à prétendre qu'il n'a prêté son
argent qu'à des conditions acceptées, et que, ne
l'étant plus, la convention s'évanouissant, son
capital doit lui être remis, sans qu'il soit obligé
d'attendre les termes donnés pour le paiement.

Indépendamment de ce que, si cette prétention
était admise, l'impossibilité dans laquelle se trou-
veraient la plupart des débiteurs de représenter
les valeurs prêtées, avant les époques fixées, ren-
drait presque toujours illusoire le secours que la
loi a voulu leur porter; le traité, nous l'avons dit,
est obligatoire dans tout ce qu'il a de licite; la loi
de 1807 n'autorise pas à l'annuler; elle ne com-
mande que sa rectification. Le débiteur jouira donc
de tous les délais sur lesquels il a dû compter,
comme il conservera, à son gré, le capital s'il a
été aliéné, la rente sera seulement replacée dans
ses justes limites. Dumoulin, *quest.* 11. Arrêts,
de la Cour de Caen, du 8 décembre 1806, et de
celle de cassation, du 5 mai 1809. (*V. le Journal
du Palais*, 2e, sem. 1809, p. 214.)

34. Il est cependant un cas où le contrat est
absolument nul; c'est lorsqu'il ne comprend que
la partie usuraire du traité, et que le créancier,
avec une obligation régulière, s'est assuré, par un
acte séparé, le supplément d'intérêts qu'il a exigé.

Il est évident qu'une telle fraude étant mise au jour, le second acte restant sans aucun effet pour son objet principal, il en doit être de même pour ses accessoires; en sorte que l'action en nullité pourra en être demandée, non-seulement par le débiteur, mais par ses cautions, et même ses créanciers.

CHAPITRE IV.

Actions en répression.

SOMMAIRE.

35. L'Usure ne devient délit que par l'habitude.
36. L'individu lésé n'a d'action que devant les tribunaux civils.
37. Cas où il y a Usure et escroquerie.
38. De quelle escroquerie la loi de 1807 a entendu parler.

55. La loi du 3 septembre 1807 a donné à l'usure un caractère particulier ; c'est un fait que, dans tous les cas, elle réprouve, voulant cependant qu'il ne soit punissable comme délit, que lorsque son auteur en a contracté l'habitude.

Jadis aussi on distinguait entre l'usure accidentelle et l'usure habituelle ; mais toutes deux étaient réputées délits ; le fait isolé était un vol qui attirait sur le coupable une peine publique ; la récidive déclarée habitude , appelait des peines beaucoup plus graves. L'ordonnance de Blois, donnée en 1579, prononçait l'amende honorable , des amendes pécuniaires et le bannissement pour la première fois; la récidive entraînait con-fiscation de corps et de biens.

56. Aujourd'hui donc le fait isolé n'étant que le commencement d'un délit et non le délit, ne peut être réprimé que par la voie civile, d'où naissent deux conséquences importantes : la première, que la personne lésée n'est admise à porter son action que devant le tribunal civil, lors même qu'elle articulerait que son créancier se livre ha-bituellement à ce trafic; la seconde que l'usurier, fût-il poursuivi par le ministère public devant le tribunal correctionnel, aucun de ses débiteurs ne peut y intervenir pour réclamer ses dommages et intérêts.

Dans cette seconde circonstance, en effet, il s'agit moins de réputer constant chacun des faits, que de juger l'ensemble de la conduite et des mœurs du prévenu, et de punir la vicieuse habitude dont il est accusé, s'il en est convaincu.

Aux premières occasions où la nouvelle loi put être appliquée, ce point de procédure fit l'objet d'un doute. Le sieur Ameline traduisit, devant le tri-bunal correctionnel de Coutances, le sieur Dujardin, l'accusant d'usure dans des lettres de change qu'il lui avait fait souscrire à son profit. Dujardin sou-tint que le tribunal était incompétent. Son ex-ception, accueillie par les juges de Coutances,

fut rejetée par la Cour criminelle de la Manche.
Sur le pourvoi, cette décision fut cassée par arrêt
du 3 février 1809; en voici les motifs : « Attendu
» que c'est seulement l'habitude de l'usure que
» l'article 4 de la loi du 3 septembre 1807 range
» dans la classe des délits, par l'attribution qu'elle
» confère sur ce fait à la juridiction correctionnelle,
» et par la peine qu'elle y inflige ; que l'habitude
» de l'usure est un fait général et moral qui se
» compose de faits particuliers, dont l'application
» est soumise sans doute aux tribunaux correction-
» nels, pour en déduire leur conviction sur le
» fait moral d'habitude d'usure, dont les faits
» particuliers sont les élémens : mais que ces faits
» particuliers, considérés séparément et en eux-
» mêmes, n'ont pas le caractère individuel de
» délit;

» Que les tribunaux correctionnels, qui ne peu-
» vent connaître des réparations civiles que lors-
» qu'ils y statuent accessoirement à un délit, sont
» donc sans attribution pour prononcer sur la ré-
» paration civile à laquelle un fait particulier
» d'usure peut donner lieu ;

» Que le fait général d'usure, quoique cons-
» tituant un délit, ne peut jamais produire une
» action en réparation civile, parce que ce fait est
» moral et complexe; qu'il ne peut résulter que

» de l'ensemble de plusieurs faits particuliers ;
» qu'il ne peut être conséquemment rattaché à
» aucun de ces faits séparés, et que néanmoins ce
» n'est que par les faits particuliers qu'il peut y
» avoir eu dommage ou préjudice ;

» Que dans la poursuite du délit d'habitude
» d'usure, une partie civile qui ne peut agir que
» pour la réparation du dommage par elle souffert,
» serait donc sans intérêt, et par conséquent sans
» qualité ;

» Qu'il suit de-là, que les tribunaux correc-
» tionnels ne peuvent, dans aucun cas, être saisis
» de la connaissance de ce délit par la poursuite
» de la partie plaignante ; qu'ils ne pourraient
» même pas accueillir son intervention dans une
» procédure régulièrement commencée sur l'action
» du ministère public ;

» Que l'instruction doit être faite, et le juge-
» ment rendu, sur la poursuite de la partie pu-
» blique, agissant d'après le renvoi autorisé par
» l'article 5 de la loi du 5 septembre 1807, ou
» d'office sur une dénonciation civique, ou sur des
» renseignemens personnels ;

» Que la partie lésée par un ou plusieurs faits
» d'usure doit agir, pour la réparation des dom-
» mages par elle soufferts, devant les tribunaux
» civils, conformément à l'article 5 de ladite loi. »

(*Voyez le Journal du Palais, collection de* 1809, *p.* 235.)

Un second arrêt de la même Cour du 5 novembre 1813, rapporté dans le *Répertoire universel de jurisprudence* au mot *Usure*, a rendu invariable cette règle de procédure.

37. Lorsqu'indépendamment de l'usure, l'individu qui en a été victime, se plaint d'escroquerie dans la même négociation, le tribunal correctionnel peut alors être saisi par la partie civile ; mais pourvu qu'il le soit principalement du fait d'escroquerie, et qu'il ne soit question de l'usure que comme circonstance aggravante dans une escroquerie, portant d'ailleurs tous les caractères désignés par l'article 4o5 du Code pénal.

En 1811, Bistoli qui avait mis des diamans en gage au Mont de piété, traita avec les sieur Boyve et Pannifex, banquiers, qui, pour retirer ces diamans lui firent l'avance de 74,772 fr.; il souscrivit à leur profit deux billets payables à quatre mois, montant ensemble à 87,52o fr. 65 c., au moyen de l'usure énorme de 12,748 fr. 65. c.; ils restèrent, en outre, dépositaires des diamans avec procuration spéciale de Bistoli pour les vendre.

L'époque de paiement arrivée, sans que les diamans fussent vendus, les billets furent renouvelés pour quarante jours seulement, et souscrits pour 90,000 fr. en y comprenant 2,479 fr. 55 c., d'intérêts pendant le nouveau délai.

Bistoli ne fut pas plus heureux à l'échéance de ces nouveaux billets, il n'obtint un second renouvellement qu'en remettant aux banquiers des acceptations du prince d'Issembourg, pour 75,000 fr. qu'ils devaient négocier.

Ils ne vendirent pas les diamans, ne négocièrent pas les acceptations, et néanmoins, à force de renouvellement et d'usure, ils se prétendirent, en mars 1812, ses créanciers de 117,923 fr. 75 c. Écrasé par cette dette, il se détermina à les traduire devant le tribunal correctionnel de la Seine, les accusant d'usure et d'escroquerie.

Le 14 mars 1812, ce tribunal crut pouvoir se saisir de l'action, et condamna les sieurs Boyve et Pannifex en 2,000 fr. d'amende et un mois de prison, en renvoyant cependant les parties devant le tribunal, civil sur les réparations civiles, réclamées par Bistoli. Le tribunal donna pour motifs, en droit, que « par l'article 4 de la loi du 5 septembre 1807,
» le législateur n'a pas entendu une escroquerie
» du genre de celle prévue par la loi du 19 juil-
» let 1791 ; qu'il est évident, au contraire, que
» cette loi suppose un genre d'escroquerie dont

» l'usure est le moyen principal; que ce genre
» d'escroquerie ne peut se rencontrer que dans
» une opération usuraire, dont l'issue serait de
» s'approprier une partie de la fortune d'autrui,
» sans que le malheureux débiteur pût l'empê-
» cher ».

Sous le rapport du fait, les motifs furent pris dans la conduite des prévenus, qui, ayant charge et pouvoir, d'abord, de vendre les diamans, ne l'avaient pas fait; qui chargés ensuite de négocier les acceptations du prince d'Issembourg, les avaient gardées; et, pendant ces délais affectés, avaient fait courir à leur profit des intérêts passant toute mesure, sans justifier d'aucunes diligences pour l'exécution des pouvoirs qui leur avaient été donnés.

Sur l'appel, la Cour de Paris, par arrêt du 25 avril 1812, a réformé ce jugement en « Considé-
» rant que les tribunaux correctionnels ne peuvent,
» d'après les dispositions de la loi du 5 septembre
» 1807, connaître directement du délit d'usure,
» soit que cette usure ait été exercée par des voies
» ordinaires, soit qu'il y eût escroquerie de la
» part du prêteur; la différence, dans les deux
» cas, ne consistant que dans la nature de la peine
» que ces tribunaux peuvent infliger; considérant

» que les faits d'usure dénoncés par Bistoli, dans
» la citation qu'il a fait signifier à Boyve et Pau-
» nifex, le 16 janvier dernier, sont des faits par-
» ticuliers audit Bistoli, qui ne qualifient point
» le délit d'usure habituelle, prévu par l'article 4
» de la loi du 3 septembre 1807, et dont la pour-
» suite n'appartiendrait qu'au ministère public,
» et que par conséquent, les premiers juges ont
» fait une fausse application dudit article». (*Voyez
le recueil de* M. Sirey, *tom.* 12, 2ᵉ. *p.*, 316.)

58. Nous croyons apercevoir dans le jugement du
tribunal de la Seine, une seconde erreur que n'a pas
relevée cet arrêt. Elle consiste dans la supposition
que la loi de 1807, a créé, en matière d'usure, un
genre d'escroquerie particulier et différent de celui
ordinaire. Ce n'est pas par des expressions purement énonciatives, que les législateurs attribuent
le caractère de délit à des faits réputés jusques-là
indifférens et quand la loi du 3 septembre 1807,
déclare que : « s'il résulte de la procédure, qu'il y
» a eu *escroquerie* de la part du prêteur, il sera
» condamné, outre l'amende, à un emprisonne-
» ment qui ne pourra excéder deux ans », elle se
réfère nécessairement, pour le caractère de l'escroquerie, à la loi du 19 juillet 1791, qui défi-

nissait alors l'escroquerie, et la punissait de la même peine.

Il faut donc, suivant nous, ainsi que nous l'avons déjà dit, pour qu'un tribunal de police correctionnelle puisse être régulièrement saisi de la demande de la partie civile ou de son intervention, que l'usure ne soit dans cette plainte que comme circonstance aggravante, et que les faits principaux soient de la nature de ceux signalés par l'article 405 du Code pénal, sans l'un desquels il n'y a pas d'escroquerie.

Dans l'espèce que nous venons de rapporter, pour que les sieur Boyve et Pannifex pussent être accusés de ce délit, il ne suffisait pas qu'on pût leur reprocher qu'ils ne justifiaient pas de diligences pour la vente des diamans de Bistoli, et la négociation des acceptations du prince d'Issembourg, dont il les avait chargés; il fallait qu'on pût articuler, d'une part, que Bistoli ne leur avait confié ses diamans et ses acceptations que par suite de manœuvres frauduleuses par lesquelles on lui avait fait naître l'espérance que les diamans seraient bien vendus, et les acceptations négociées à sa satisfaction, et de l'autre, que, des occasions s'étant présentées pour ces opérations, ces banquiers les avaient volontairement perdues.

Il n'y a effectivement escroquerie que lorsque, par un des moyens exprimés dans l'article 405 du Code pénal, tout ou partie de la fortune d'autrui lui a été ravi ; et parmi ces moyens figurent *les manœuvres frauduleuses pratiquées pour faire naître l'espérance d'un succès chimérique.*

Très-certainement si la plainte de Bistoli eût contenu des faits du genre de ceux que nous venons de supposer, elle eût été admise par la Cour royale de Paris, et cette Cour, en prononçant sur l'escroquerie et l'usure en même-temps, eût annulé les billets et réduit la créance à ce qu'elle avait de légitime.

Hors ce cas où l'escroquerie est le fait principal, et l'usure seulement une circonstance aggravante, l'action civile et l'action publique sont donc essentiellement distinctes.

Nous allons les examiner séparément.

§ Ier.

Action publique.

SOMMAIRE.

39. L'action publique n'est instituée par la loi, comme on vient de le voir, que contre l'habitude de l'usure. Comment reconnaître qu'il y a habitude ? Combien de faits faut-il réunir pour prouver cette habitude ? C'est ce que la loi, par son silence, a abandonné à la sagesse des magistrats qui doivent, à cet égard, se décider dans chaque affaire suivant les circonstances.

Tout ce qu'on peut dire à ce sujet, c'est que deux faits ne suffiraient pas; car l'habitude est plus que la récidive; c'est que la loi, par cette expression, semble n'avoir voulu atteindre que ceux qui se livreraient à l'usure par métier, et en feraient leur occupation principale. Il semble donc qu'il faut plusieurs faits pour constituer ce délit d'usure habituelle.

Cependant on ne doit pas attendre qu'un homme entraîné par cette passion, ait ruiné la contrée qu'il habite, pour arrêter ses brigandages par une juste punition ; dès l'instant qu'on peut reconnaître que chez lui l'habitude est formée, les tribunaux doivent s'empresser de le rappeler à ses devoirs par un jugement exemplaire, et quelle que soit à cet égard leur décision, ne reposant que sur une question de fait, elle n'est pas exposée à la censure de la Cour de cassation.

Quoique l'action, en répression de ce délit, se prescrive par trois ans, on n'en doit pas moins réunir les faits anciens aux nouveaux pour savoir si de leur réunion il résulte l'habitude punissable, et lorsque cette habitude, qui seule fait le délit, s'est perpétuée jusqu'à une époque depuis laquelle il ne s'est point écoulé trois années, l'usurier ne peut pas échapper à la peine qu'il a encourrue.

Telle a été la décision uniforme du tribunal de la Seine, de la Cour royale de Paris, et de celle de cassation dans la cause du sieur Pernier, ancien répétiteur à l'université de Paris, qui, suivant ses propres registres, avait, en dix années, porté à 80,000 fr. sa fortune, qui, en 1811, n'était que de 27,000 fr. L'arrêt de la Cour de cassation est du 15 juin 1821. (*V. le journal du Palais, tom.* 61, *p.* 258.)

Déjà la même Cour avait consacré ce point d

droit par un premier arrêt du 4 août 1820. (*V. le même journal, ibid.*)

40. Si les faits dont on fait résulter contre un individu, la preuve de l'habitude d'usure, ont eu lieu dans divers arrondissemens, ils n'en forment pas moins un délit punissable par le tribunal de l'un de ces arrondissemens : mais l'individu ne peut être régulièrement traduit que devant le tribunal dans le ressort duquel il réside, à moins que dans les autres il n'ait commis assez d'usures, pour que seules elles puissent constituer et révéler l'habitude.

Ce fait s'est présenté, en 1818, à Carcassone. De Bosque, habitant de Limoux, y faisait l'usure, et étendait son trafic dans les arrondissement de Narbonne et de Carcassone. Traduit devant le juge d'instruction de ce dernier tribunal, il le soutint incompétent, et demanda son renvoi devant celui de Limoux. Son déclinatoire fut rejeté par la chambre du conseil dont la décision a été confirmée par la Cour de Montpellier donnant pour motifs : « Que les faits qui lui étaient imputés » dans les trois arrondissemens, auraient suffi » étant prouvés, pour établir l'usure dans les trois » arrondissemens pris isolément. » Les mêmes motifs ont déterminé le rejet de son pourvoi en cassation prononcé par arrêt du 15 octobre 1818.

(Voyez le recueil de M. Sirey, t. 19, Ire. *part.,*
p. 261 ; ou *le Journal du Palais, t.* 55, *p.* 199.)

41. La seule peine prononcée par la loi du
3 septembre 1807, est une amende qui ne peut
pas excéder la moitié des capitaux prêtés ; mais
on doit considérer comme parties du délit punissable tous les prêts prouvés, à quelque époque
qu'ils aient été faits; et c'est sur la somme produite
par cette réunion que l'amende doit être réglée.
L'arrêt que nous venons de rapporter, n°. 39,
s'exprime ainsi : « Ceux d'entre les faits particu-
» liers d'exaction d'intérêts usuraires qui seraient
» antérieurs de plus de trois ans aux premières
» poursuites peuvent être réunis aux faits posté-
» rieurs auxquels ils se rattachent, soit pour
» constituer le délit d'habitude d'usure, soit pour
» évaluer l'amende dont ce délit est passible. »
Par suite de ce principe, les prêts de Pernier,
s'étant trouvés de 40,000 francs, l'amende prononcée a été de 20,000 francs.

42. La loi ayant fixé pour l'amende une mesure
que les juges ne peuvent dépasser, il en résulte
pour eux l'obligation de fixer la somme des capitaux prêtés qui justifie la légalité de la condamnation.

Un jugement du tribunal de Coutances, qui,

manquant de cette base, n'offrait qu'une punition
arbitraire, a été cassé par arrêt du 12 novembre
1819. (*Voyez le recueil de M. Sirey, t.* 20,
1re. *part., p.* 86.)

§ II.

Action civile.

SOMMAIRE.

43. Division.
44. Action en restitution.
45. Action contre l'Usure palliée.

43. De la prohibition établie par la loi du 5 septembre 1807, sortent deux actions pour en assurer l'exécution : l'une explicitement écrite dans
son texte, en restitution ou imputation sur le
principal, des intérêts illégalement perçus ; l'autre,
qui en est la conséquence implicite, mais nécessaire, en nullité de tout ou partie du traité frau-
duleusement conçu pour enfreindre cette prohibition.

44. La première de ces deux actions n'est susceptible d'aucune observation particulière. Dès
qu'il est prouvé que le débiteur a payé des intérêts
excessifs, tout ce qui a été abusivement exigé de
lui est imputé, au jour même des paiemens, sur

le sort principal, dont les intérêts, sont, dès ce jour, diminués en proportion, et si, après l'imputation des paiemens ainsi faite, le débiteur se trouve avoir acquitté au-delà de ce qu'il devait légitimement, le surplus doit lui être restitué.

Dans ce dernier cas, le créancier doit les intérêts de ce qu'il restitue, à dater des jours où ses exactions ont eu lieu. La loi de 1807, ne le prononce pas ainsi, mais l'article 1778 du Code civil, s'applique indistinctement à toutes les sommes induement reçues et *de mauvaise foi*.

45. La seconde action a plus de difficultés à vaincre; elle a pour objet ce que les auteurs ont appelé *l'usure palliée*, c'est-à-dire, dissimulée dans le texte trompeur d'un contrat régulier. Il faut, alors, démasquer le prêteur, et forcer la barrière dont il a su entourer son exaction.

C'est surtout pour dissimuler l'usure, que la fraude emploie tous ses artifices. Parmi les divers stratagêmes, il en est deux qui lui sont plus familiers et qui vont nous occuper; ce sont les contrats de vente d'immeubles et les libéralités.

Article Ier.

Ventes d'Immeubles.

SOMMAIRE.

46. Pacte *Mohatra*.
47. Vente à réméré suspecte d'usure.
48. Opposition dans le Code civil, entre les règles de la vente à réméré et celles de l'Antichrèse.
49. Marque d'impignoration.
50. Motifs suffisans pour annuler comme vente, le contrat à réméré.
51. Premier cas. Vilité de prix sans relocation.
52. Deuxième cas. Relocation sans vilité de prix.

46. Sous l'empire des anciennes lois, les tribunaux ont souvent eu à réprimer des contrats de vente d'immeubles, dans lesquels on réalisait le pacte *Mohatra*. Un particulier voulant constituer une rente à un denier plus fort que celui légal, se faisait vendre par l'emprunteur un héritage, moyennant la somme prêtée qui était payée comptant. Dans le même temps, devant un autre notaire, il faisait à ce même emprunteur, soit directement, soit indirectement par une personne interposée, un bail à rente de l'héritage acquis, et dont le vendeur n'était pas un instant dépossédé. Dans ce dernier contrat, la rente était portée au taux exigé, et souvent en grains.

La réunion de ces diverses circonstances, si—

multanéité de la vente et de la revente , intérêts stipulés dans la revente , excédant ceux licites du prix de la vente , continuation de possession de la part du vendeur , et service par lui de la rente , donnaient la preuve suffisante de la simulation des actes. Alors l'excédant des intérêts payés , était imputé sur le principal ; et pour le surplus , la rente était convertie en simple rente constituée.

Sans doute , si de semblables feintes se renouvelaient , les tribunaux actuels ne seraient pas plus indulgens.

47. Mais le contrat qui semble n'avoir été conçu que pour aider l'usure dans ses perfides négociations, c'est celui de la vente avec faculté de rachat. Ce n'est pas sans opposition , qu'il a été admis dans le Code civil : plusieurs des magistrats consultés , lors de cet important ouvrage , ont signalé les abus sans nombre qui en sont inévitables; ceux qui ont voté son maintien , n'ont pu disconvenir de ces abus , et ne se sont appuyés que sur ce qu'il fallait laisser aux conventions la plus grande latitude. Son admission n'ayant été en quelque sorte qu'une tolérance , les tribunaux ne peuvent pas être trop sévères sur ces pactes insolites , dont presque jamais un homme délicat n'a voulu faire usage.

N'est-il pas évident, en effet, que celui qui ne vend qu'à cette condition, voudrait ne pas vendre, et ne le fait que parce qu'étant dans un pressant besoin d'argent, il n'a pas assez de crédit pour s'en procurer autrement ? Ne l'est-il pas également que celui qui achète ainsi, met peu d'intérêt à l'héritage qu'on lui vend, et s'occupe principalement de tirer parti de l'argent qu'on lui demande ? Dans ce traité, les forces sont trop inégales pour que tout l'avantage ne reste pas au capitaliste. Ce dernier obtient toujours un bénéfice considérable pendant le délai qu'il accorde, et se ménage, en outre, la chance presque certaine qu'à l'expiration du délai, la fortune, constamment adverse au vendeur, le forcera ou d'acheter chèrement de nouveaux délais, ou d'abandonner le fonds pour le prix modique qu'il en a reçu.

Ce pacte est donc, par sa nature même, infiniment suspect d'usure. Dumoulin le regardait comme une voie ouverte pour exercer ce méprisable trafic : *Via aperta ad fraudandum duodecimam, et illicitum fœnus exercendum.* Dumoulin. *quest.* 56, *n.* 592. Ainsi, pour peu qu'il se rencontre d'autres circonstances aggravant cette suspicion, on doit délier celui qui a subi les dures conditions de ce pacte.

L'article 1156 du Code civil autorise les juges à *chercher dans les actes quelle a été la commune intention des contractans, les dispensant de s'arrêter au sens littéral des termes.* Si donc ils acquièrent la conviction qu'une vente avec faculté de rachat n'est qu'un prêt d'argent déguisé, ils ont, pour l'annuler, un double devoir à remplir; l'un qui leur est imposé par l'article 2088 du Code civil, l'autre que la loi de 1807 leur commmande aussi impérieusement.

L'antichrèse, dont déjà nous avons parlé au Chapitre 2, est permise par le Code; on peut désormais assurer un prêt d'argent par la mise en gage d'un immeuble : mais l'article 2088 y met une restriction notable. « Le créancier ne devient » pas propriétaire de l'immeuble, par le seul » défaut de paiement au terme convenu; toute » clause contraire est nulle : en ce cas, il peut » poursuivre l'expropriation de son débiteur par » les voies légales. » Or, quand la vente à réméré est reconnue n'être qu'un prêt déguisé, elle présente la violation manifeste de cette prohibition, puisqu'à l'expiration du délai donné pour l'exercice du réméré, le vendeur est irrévocablement dépouillé.

48. On ne peut même se dissimuler qu'à cet

égard, il y a un défaut de corrélation dans le Code. Puisqu'en admettant l'impignoration des immeubles, on voulait, ce qui est infiniment juste, prohiber toute clause attribuant de plein droit au créancier l'immeuble engagé, c'était un motif de plus, et un motif irrésistible, d'abolir la vente avec faculté de rachat, qui ouvre très-naturellement et très-légalement un moyen de rendre la prohibition illusoire. Mais ces deux parties du Code, ayant été traitées séparément, l'une dans le contrat de vente, l'autre dans celui de nantissement, on ne s'est pas aperçu, sans doute, de la contradiction qui se trouve entre ce qui est permis d'un côté, et défendu de l'autre.

Paul prête à Pierre 5,000 fr. sur sa maison, et veut en percevoir les revenus pendant les trois années que le prêt doit durer, avec la condition d'en rester propriétaire, si dans ce délai il n'est pas remboursé : il ne s'agit, pour rendre cette condition légale, et éluder la prohibition de l'article 2088, que de qualifier le contrat de vente à réméré au lieu d'antichrèse, et de dire que Pierre vend sa maison, au lieu de dire qu'il la donne en nantissement.

Infailliblement cette antinomie disparaîtra à la première révision du Code civil. Toutefois si, en attendant , un grand nombre d'impignorations illicites doivent échapper à la censure des tribunaux , quand aucune circonstance n'ajoutera au caractère de la vente qualifiée à réméré , au moins doit-on s'emparer , pour les annuler , de tout ce qui pourra fortifier la présomption de nantissement.

49. L'ancienne jurisprudence peut, en ce cas , être très - utilement consultée ; et pour en faire une sage application , il est essentiel d'observer en quoi la législation actuelle en diffère.

Le prêt d'argent sans aliénation du capital, ne pouvant alors produire d'intérêts licites dans la plupart de nos provinces, toute impignoration y était également défendue, et la vente à réméré admise, mais avec des tempéramens que son caractère équivoque et suspect avait suggérés aux tribunaux, surtout dans le ressort du Parlement de Paris.

1°. Quel que fût le délai conventionnel pour l'exercice de la faculté de rachat , le vendeur y était reçu pendant tout le temps nécessaire pour la prescription de trente ans, à moins que l'acquéreur n'obtînt contre lui un jugement de déchéance passé en force de chose jugée. Par ce jugement de nouveaux délais étaient accordés , non-seulement en pemière instance, mais même sur l'appel , et ce n'était qu'après le procès de purgation, ainsi que l'appelle Denisart, que le débiteur cessait d'être propriétaire.

2°. S'il apparaissait, par certains indices qu'on appelait *marques d'impignoration*, que le contrat de vente n'était qu'un simulacre, déguisant un prêt à intérêt, il était annulé comme frauduleux.

Les principales de ces marques étaient la relocation au vendeur de l'héritage, la vilité du prix, et l'habitude de la part du vendeur de pratiquer l'usure, *et maximè si sit consuetudo fœnerandi.*

Suivant la nature des faits, on exigeait ou le concours de ces trois marques, ou seulement qu'il s'en trouvât deux : quelquefois la relocation suffisait seule pour annuler le contrat, surtout si elle avait été prorogée. Dans tous ces cas, « on » jugeait, dit Brodeau *sur* Louet, *lettre P, » sommaire, note A*, que l'intention n'avait » été, *ab initio*, ni du débiteur de vendre, ni » du créancier d'acheter, mais bien d'engager. »

Plusieurs motifs doivent déterminer à redoubler de sévérité dans l'application de ces règles.

1°. Le contrat à réméré n'a pas seulement été conservé, il a été rendu plus dangereux pour les vendeurs, les acquéreurs étant dispensés de la procédure de purgation, et le délai conventionnel étant déclaré fatal par l'article 1651 du Code civil.

2°. Toute impignoration alors était défendue, parce que les lois de l'État, d'accord avec celles de l'Église, réputaient usure l'intérêt le plus léger sans aliénation du principal ; aujourd'hui l'impignoration est permise ; avec elle le capitaliste peut percevoir l'intérêt licite de la somme prêtée, et il n'y a usure que lorsque le taux légal est dépassé : il est donc certain que, si on se sert encore du contrat à réméré pour déguiser une impignoration, c'est parce que les intérêts sont excessifs, et que l'usure est celle qu'autrefois on appellait *énorme*.

50. De là nous concluons, qu'aujourd'hui il y a lieu de maintenir le vendeur dans sa propriété, en annullant le traité comme contrat de vente, dans deux cas :

1°. Lorsqu'il y a relocation de la chose vendue, quand même la vilité du prix ne serait pas constante ;

2°. Lorsqu'il y a vilité de prix, quoiqu'il n'y ait pas relocation.

51. *Premier cas.* D'abord, dès que le vendeur doit conserver la détention de la chose vendue, pendant le délai, la convention n'est plus dans le sens de celles pour lesquelles la faculté de

rachat est permise; les dispositions du Code civil à leur égard, et particulièrement celle de l'article 1673, supposent une vente formelle suivie de dépossession.

En second lieu, si, comme il faut en convenir, la faculté de rachat fait présumer que le vendeur ne veut pas vendre, mais emprunter de l'argent, et que l'acquéreur est moins déterminé à acheter, qu'à faire fructifier ses fonds ; cette présomption devient une certitude, quand il n'y a pas dépossession, et que, pendant le délai, les contractans sont absolument dans la position respective d'un prêteur et d'un emprunteur.

Lors même qu'on n'apercevrait pas l'usure, on peut la supposer opérée par ces moyens indirects et secrets que la fraude ne sait que trop bien mettre en œuvre ; et, d'ailleurs, sans déclarer, dans ce cas, le contrat usuraire, il suffit, pour annuler la vente qu'il contient, qu'il y ait évidemment une antichrèse faite en fraude de l'article 2088.

La relocation est réputée existante par cela seul que le vendeur est resté possesseur de sa chose, lors même qu'il n'apparaîtrait pas de bail, ou que celui représenté serait sous le nom d'un tiers qui l'en aurait laissé jouir. Ces voies ténébreuses signalent la fraude plus qu'elles ne peuvent la protéger.

52. *Second cas.* Quoiqu'il n'y ait pas relocation, s'il y a vilité de prix , et relativement à la valeur capitale de la chose vendue , et relativement à son produit , l'usure n'en est pas moins certaine et appelle la proscription du traité.

Jacques voulant emprunter 6,000 fr. , vend à Jean un domaine affermé 600 fr. et l'acquit des contributions , avec la faculté de racheter ce domaine dans cinq ans , en rendant les 6,000 fr., prix donné. Qui refuserait de voir dans ce traité un prêt à dix pour cent , offrant en outre la perspective pour le prêteur d'obtenir le double de son capital , si l'emprunteur ne profite pas du délai pour se libérer ? Pour tolérer une telle exaction , il faudrait méconnaître et l'article 2088 du Code et la loi de 1807.

Au surplus, les questions que font agiter ces contrats , sont plus de fait que de droit ; les juges n'ont de guide que leur conscience, et, quand elle est pénétrée de la conviction qu'il y a fraude , la loi les autorise à la punir.

Nous allons même jusqu'à penser que , dans le doute, ils peuvent se laisser entraîner plutôt à l'annullation qu'à la confirmation. S'il n'y a ni vilité de prix, ni usure, quel tort sérieux peut éprouver l'acquéreur qui, payé de ses intérêts, recouvre son capital et le remboursement de toutes ses avances ? Il ne perd que la propriété d'un fonds que, quelques instans plutôt, on pouvait lui reprendre en exécution de la convention même. On ne peut expliquer sa résistance que par des bénéfices qui, pour n'être pas aperçus, n'en sont pas moins réels, puisqu'il craint d'en être privé.

La plupart des règles que nous venons de puiser dans l'ancienne jurisprudence, ont déjà été remises en vigueur par la Cour de Metz et celle de Cassation.

Le 1er. mai 1810, trois particuliers qui, trois ans auparavant, avaient acheté un domaine moyennant 17,000 fr., le vendirent au sieur Bloch pour 10,000 fr. seulement, sous la condition qu'ils pourraient le racheter pendant deux ans, et que, durant ce délai, ils continueraient d'en jouir en payant les intérêts des 10,000 fr.

Deux des vendeurs cédèrent ensuite les deux tiers qui leur appartenaient pour 13,000 fr. au sier Resouche, à qui le sieur Bloch, acquéreur vendit lui-même les droits qu'il avait sur le domaine. Motsch, l'un des trois propriétaires, voulut exercer le rachat pour son tiers ; mais sa demande n'ayant été formée que le 4 mai 1812, fut rejetée comme tardive par le tribunal de Sarguemines.

Sur l'appel, il soutint le contrat pignoratif et usuraire, se fondant sur la clause de réméré, la relocation de la chose vendue et la vilité du prix parfaitement prouvée par la vente faite à Resouche lui-même des deux tiers du domaine.

Ces moyens furent accueillis par arrêt de la Cour de Metz, du 23 juin 1812, et celui de la Cour de cassation, du 18 janvier 1814. Les motifs de ce dernier arrêt sont ainsi conçus : « Attendu » que les moyens que Resouche fait résulter de » prétendues violations des articles 1582, 1583, » 1661 et 1662, reposent sur l'unique supposi- » tion que l'acte du 1er. mai 1810 était un véri- » table contrat de vente, d'après les termes qui y » sont énoncés ; mais que l'arrêt attaqué ayant » décidé que ce n'était qu'un prêt d'argent déguisé » sous la forme d'un contrat de vente, n'a pas dû » appliquer les règles particulières à cette espèce » de contrat ; que d'après l'article 1156 du Code » civil, on doit rechercher quelle a été la com- » mune intention des parties, plutôt que de s'ar- » rêter au sens littéral des termes ; d'où résulte » que la Cour d'appel a pu, sans contrevenir à

» aucune loi, décider, d'après les circonstances
» énoncées dans les motifs de son arrêt, que l'acte
» dont il s'agit n'était qu'un prêt déguisé, et dé-
» clarer en conséquence qu'il n'y avait pas lieu à
» l'exercice de l'action en délaissement formée par
» le demandeur. » Voyez le Journal du palais, tom. 40, p. 301.

Article II.

Libéralité.

SOMMAIRE.

53. Libéralité déguisant l'Usure.
54. Réfutation de la consultation insérée dans le Recueil de M. Sirey (1822, 2°. part., pag. 41).
55. Dans le contrat usuraire, il y a dol du côté du prêteur, et défaut de liberté du côté de l'emprunteur.
56. L'Usure palliée est la plus inique.
57. Méprise dans la consultation, sur les intérêts compensatoires.
58. Sentiment de Pothier mal entendu.

53. Il est, par fois, arrivé que des prêteurs n'ont pas craint, pour faire prospérer leurs rapines, d'emprunter les couleurs des actes de bienfaisance, et d'exiger de leurs victimes, à titre de libéralité, ce qu'ils ne pouvaient pas comprendre dans l'acte obligatoire.

A cette ruse, le droit oppose la règle générale

que toutes libéralités faites par le débiteur à son créancier, soit lors de l'emprunt, soit depuis et avant l'extinction de l'obligation, doivent être réputées *usures palliées.* Il est effectivement si contraire à ce qui se passe ordinairement parmi les hommes, que, d'une part, celui qui doit, au lieu de se libérer, fasse des dons à son créancier, et que, de l'autre, le créancier ait le courage d'accepter ces dons d'un débiteur qui ne peut pas se libérer, qu'on ne fait que remettre les choses dans leur état naturel, en imputant sur **la dette** tout ce qui a pu être payé sur la libéralité et l'annullant pour tout ce qui ne l'a pas été ; d'où est né l'adage : *nemo liberalis nisi liberatus.*

Ainsi l'ont enseigné Dumoulin, D'argentré et tous les auteurs les plus recommandables qui ont écrit depuis, notamment Pothier dans son *traité du prêt,* n°. 99.

« Pour que le présent que le prêteur a reçu de
» l'emprunteur, soit reputé lui avoir été fait librement, et ne soit pas en conséquence infecté
» du vice d'usure, il faut que l'emprunteur ne
» l'ait fait que dans le temps qu'il a rendu la somme
» prêtée, ou après ; s'il l'avait fait auparavant, il
» serait présumé ne l'avoir fait que pour que le
» prêteur ne le pressât pas pour le paiement', et

» par conséquent, ne l'avoir pas fait avec liberté
» entière; ce qui suffit pour que ce présent, que le
» prêteur a reçu, soit regardé en quelque façon
» comme exigé, et par conséquent comme infecté
» du vice d'usure. »

Si telle était la rigueur du précepte quand il
ne s'agissait que d'un prêt gratuit, si cette rigueur
lie encore ceux qui restent soumis aux lois de
l'Église, avec quelle force les tribunaux ne doi-
vent-ils par résister à toutes les doctrines contraires, aujourd'hui que la loi civile permet de
stipuler des intérêts pour le prêt temporaire ?

54. On vient cependant de les professer haute-
ment dans un journal judiciaire fort estimé et le
plus répandu, en y donnant place à une consultation subversive de tous les principes sur la
matière. Un jugement très-louable y est improuvé,
pour justifier une des plus scandaleuses usures,
qui, depuis long-temps, aient été présentées à
la justice. Voici le fait, ainsi que le présente la
consultation, mais dégagé des ornemens dont on
l'a entouré, pour rendre moins défavorable la
cause du prêteur.

En 1855, Gentien sollicita de Maze un prêt
de 25,000 francs; son embarras était tel, qu'indépendamment de l'intérêt légal, il offrit de faire

à Maze une donation de 20,000 francs, payable à sa mort. Maze, après avoir hésité, pendant à-peu-près un an, finit par accepter. Le 24 février 1809, l'obligation notariée et hypothécaire des 25,000 fr. prêtés fut passée, et, onze jours après, le même notaire reçut la donation.

Le 5 juin 1811, Gentien mieux conseillé vendit la campagne qu'il possédait, paia tous ses créanciers, et, quoique le prêt fait pour six ans pût encore subsister jusqu'en 1815, il en remboursa à Maze la presque totalité.

Le 5 novembre on traita sur l'exécution de la donation, et sur le paiement de 1870 fr., dus encore par Gentien à Maze. Gentien s'obligea à payer les 1870 fr. à l'échéance du billet qu'il en avait fait, et dans le cours de dix-huit mois 6,000 fr. pour tenir lieu de la donation à laquelle Maze renonça, mais avec la condition qu'à défaut de paiement, cette donation reprendrait toute sa force.

Gentien mourut, en 1816, sans avoir payé les 6,000 francs, et Maze réclama de ses héritiers les 20,000 francs montant de la donation. Elle fut annulée par jugement du 16 juin 1821. Les motifs du tribunal d'Orthez sont :

1°. Qu'il était prouvé par la correspondance de

Maze et de Gentien, que cette donation n'avait pour cause que le prêt de 25,000 francs ;

2°. Qu'elle n'était pas un acte de libéralité, puisque Gentien l'avait offerte à qui voudrait lui faire le prêt ;

3°. Que la cause, exprimée dans l'acte, était fausse et illicite, devant produire des intérêts usuraires sujets à restitution, s'ils étaient reçus ;

4°. Que la transaction de 1811 devrait être annulée si elle subsistait encore.

C'est de ce jugement que l'auteur de la consultation n'a pas craint de faire la critique. A ces motifs, éminemment fondés sur les principes du droit et de la morale, qu'on ne devrait jamais séparer, il oppose, 1°. que l'usure ne consistant que dans l'intérêt exigé, elle ne pouvait pas se rencontrer dans l'espèce, puisque la donation a été *offerte spontanément* ; 2°. que si l'on trouve, dans les 20,000 fr. donnés, des intérêts, ils ont le caractère d'*intérêts compensatoires*, et sont conséquemment licites.

Dans l'une comme dans l'autre proposition, on s'éloigne également et de la vérité sur les faits, et de la saine théorie sur le point de droit.

Maze a hésité une année entière, on en convient. Mais est-ce parce qu'on lui offrait trop, ou parce qu'on ne lui offrait pas assez? C'est ce qu'il importe de découvrir.

On n'a pas été jusqu'à dire que Maze aurait fait volontiers le prêt, si Gentien n'y avait pas mis sa donation pour condition ; et que Gentien ne voulait recevoir le prêt qu'autant que sa donation serait acceptée. Ce combat de générosité n'a pas été articulé ; il eût été trop vivement démenti par les efforts faits depuis, par l'un pour ne pas exécuter la donation, et par l'autre pour en obtenir le maintien, au moins en partie.

Maze hésitait donc parce qu'on ne lui offrait pas assez.

Il a été *supplié*, dit-on, par Gentien : il l'a été, comme celui qui veut 25 pour cent d'intérêts de ses fonds, qu'on *supplie*, de se borner à vingt, et qui, se rendant aux larmes d'un malheureux père de famille, par ce qu'il ne peut pas en obtenir d'avantage, vient dire ensuite : j'ai accepté ce qu'on m'a *supplié* d'agréer, je n'ai pas fait l'usure ! Non, sans doute, personne n'apercevra le caractère de bienveillance qui doit dicter les libéralités, dans les sacrifices qu'un homme en détresse consent à faire pour conjurer le mal du moment.

L'auteur va cependant plus loin : il voudrait

qu'en pareil cas, le donateur fût déclaré non-recevable à revenir contre ce qu'il appelle *son propre fait libre et spontané*, mais surtout que ses héritiers ne fussent pas écoutés, parce que le donateur a dit que sa donation était *spontanée*.

55. On s'abuse étrangement, quand on insiste à regarder comme *libre et spontané*, le fait de celui que presse le besoin d'argent, et qui offre tout ce qui peut satisfaire la soif du capitaliste. Ce n'est pas ainsi que raisonnaient nos maîtres dans l'art d'étudier le cœur de l'homme, pour bien apprécier ses actions. Ecoutons Dumoulin sur cette prétendue spontanéité, de ceux que la nécessité conduit aux pieds des Crésus. *Si spontaneam agricolæ voluntatem probare vellet, non esset admittendus, cum non relevaret, sicut non relevat probare, quòd usura spontè promissa sit ab indigente ; egestas enim voluntarium excludit : sicut non prodest voluntatem causari, ubi de metu illato constat.* Quest. 11, n°. 60. Heureusement, la tradition de ces bons principes n'est pas perdue ; nos Cours et nos tribunaux savent les rappeler, quand leur application devient nécessaire.

La Cour de cassation, dans un arrêt du 22 décembre 1813, s'est exprimée ainsi : « la loi,

» en donnant à l'habitude d'usure le caractère de
» délit, a consacré la présomption légale qu'il y
» avait *fraude et dol* dans tout acte, dans toute
» convention de prêt, où il avait été stipulé un
» intérêt excédant celui qu'elle autorise; elle a
» supposé qu'en consentant à un intérêt usuraire,
» l'emprunteur *n'avait pas agi librement*, et que
» le prêteur, en l'exigeant, avait agi *avec fraude.* »
V. ci-après, n. 59.

56. Enfin, on a soutenu que l'emprunteur pouvait être admis à se plaindre d'une usure *formelle*, mais qu'on ne devait pas l'écouter, quand il s'agit d'une usure *palliée*. Que deviendrait la société, si de telles doctrines étaient accueillies? Quoi! lorsque la loi défend, il suffit de pallier la désobéissance pour qu'elle soit impunie; et la loi est assez indifférente sur les intérêts des citoyens pour les livrer, pourvu que, par respect pour elle, on déguise les infractions!

Disons, au contraire, que la loi n'a pas d'autres intérêts que ceux des citoyens; que de toutes les atteintes qui lui sont portées, les plus odieuses sont celles indirectes, puisque leur auteur ajoute à sa révolte le mensonge et l'hypocrisie; *Vae qui condunt leges iniquas.* Disons encore que toute prohibition prononce nécessairement la proscription de tout ce qui tend obliquement à l'éluder, et que le règne des lois cesserait du jour où le système contraire serait adopté.

57. La seconde proposition, ayant pour but de légitimer les 20,000 fr. exigés par Maze au-delà des intérêts légaux, et de les faire accueillir comme *compensatoires* des bénéfices que, suivant lui, son capital lui aurait procurés par le *rouage des commissions*, est tout-à-fait destructive de la loi du 3 septembre 1807.

L'auteur s'est cependant appuyé sur le suffrage de Pothier ; mais, en cela, il a commis une méprise fort remarquable.

1°. Pothier n'admet les intérêts compensatoires des pertes éprouvées par le prêteur, ou des gains dont il s'est privé, que lorsque le prêt ne produit pas par lui-même d'intérêts légaux ; il ne raisonne que dans l'hypothèse du prêt purement gratuit, le seul qu'on connût alors ; tandis que, depuis le décret de 1789, les intérêts y sont valablement stipulés, et que Maze n'avait pas oublié d'y soumettre Gentien, indépendamment du don de 20,000 fr.

2°. Ces intérêts compensatoires, qu'en certains

cas les canonistes toléraient, ne pouvaient jamais excéder le taux fixé par la loi civile; et dans l'espèce, ils se trouvaient pour le tout en double emploi.

5°. Enfin Pothier ne traite cette matière délicate que sous le rapport du for intérieur, et il ajoute, n°. 124 : « Tout ce que nous venons de » dire sur les cas auxquels le prêteur peut recevoir » quelque chose, *ultra sortem ratione damni* » *emergentis aut lucri cessantis*, n'a lieu que » pour le for de la conscience. Dans le for exté- » rieur, un prêteur ne serait pas recevable à » demander rien au-delà du sort principal, sous » le prétexte de la perte que lui aurait causé le » prêt, ou du profit dont il l'aurait privé. La » raison est que, s'il y était écouté, on ouvrirait » la porte aux usures. On aurait un moyen de les » pallier toutes, en supposant faussement, dans » tous les prêts à intérêts, quelque perte que le » prêt aurait causée au prêteur, ou quelque profit » dont il l'aurait privé. D'ailleurs, les hommes » n'étant pas ordinairement assez charitables pour » prêter leur argent à leurs amis, lorsqu'ils en » ont besoin eux-mêmes pour leurs propres af- » faires, il y a lieu de présumer, que, ce qu'un » prêteur allègue sur le préjudice prétendu que

» lui a fait le prêt, n'est allégué que pour couvrir
» l'usure qu'il en retire. »

58. Il est très-probable que l'auteur se serait dispensé de citer Pothier, s'il eût examiné son traité jusques-là.

Cette méprise a mis dans sa consultation une confusion d'idées fort singulière : d'une part, il s'y efforce d'empirer les conséquences d'une loi qui, en permettant l'usure ordinaire défendue par l'église, ne rejette que l'usure énorme ; et de l'autre, il voudrait faire voir la conscience de Maze telle que les plus sévères casuistes eussent pu la trouver pure.

En un mot, la loi de 1807 étant prohibitive d'un intérêt conventionnel supérieur à celui qu'elle a fixé, il faut donc, comme du temps de Pothier, fermer l'oreille à tous les argumens des capitalistes sur le *rouage de leurs commissions*. Si on les écoutait, il n'y en aurait pas un qui ne prétendît prouver, qu'en ruinant pères et fils de famille, il y mettait encore du sien.

Après ces premiers essais pour Maze, l'auteur, qui a trop de lumières pour ne pas douter de leur succès, insinue à la Cour devant juger l'appel, qu'il conviendrait, au moins, de laisser à Maze

les 6,000 fr. promis par l'acte de 1811. Nous ren-
voyons à traiter cette question dans le chapitre
sixième, où nous nous occuperons des exceptions
qui peuvent être opposées à l'action d'usure.

CHAPITRE V.

Preuves admissibles.

SOMMAIRE.

59. Preuve testimoniale admissible.
60. Caractère nécessaire des faits pour être admis en preuve.
61. Cas où l'inscription de faux est indispensable.
62. Présomptions admissibles.
63. Plusieurs exemples de présomptions.
64. Conséquence importante des présomptions même insuffisantes; serment d'office.
65. Notes du prêteur.— Observations sur un Arrêt de la Cour royale de Paris.

59. Lorsque l'usure était, par nos lois, réputée *crime* et punissable de peines afflictives, il était sans difficulté que la preuve testimoniale, comme tous les autres genres de preuve, pouvait servir à convaincre les coupables; c'est un point historique si constant, qu'il serait superflu de le justifier par des citations.

La loi de 1807, qui n'est qu'un premier pas pour retourner aux vrais principes sur cette partie du droit public, n'a qualifié *délit* que l'habitude de l'usure; en sorte que les faits particuliers et accidentels, restent dans l'ordre civil, ou plutôt dans un état équivoque dont le caractère n'est pas facile à saisir; car, si plusieurs faits du même genre forment un délit, il n'est pas possible que les mêmes faits, pris isolément, soient des actions innocentes et licites.

Quoi qu'il en soit de cette obscurité de la loi nouvelle, les usuriers ont trouvé des jurisconsultes qui n'ont pas craint de soutenir que, même pour établir l'habitude d'usure, des témoins ne devaient pas être admis. Ces erreurs ont été repoussées énergiquement par les magistrats.

La Cour de cassation, par un premier arrêt du 2 décembre 1813, a proscrit ce dangereux système, et développé, avec tant de sagacité et de profondeur, les caractères de l'usure appréciés soit dans les faits isolés, soit dans la répétition qui en constitue l'habitude, qu'il en résulte la règle générale que, comme dans l'ancienne jurisprudence, la preuve vocale de l'usure est admissible dans tous les cas.

Il s'agissait de savoir, si le ministère public pouvait poursuivre d'office le délit d'habitude d'usure; et pour soutenir la négative, on prétendait que cette habitude ne se formant que par des négociations civiles, il fallait, avant d'en faire l'oc-

casion d'une poursuite publique, que ces négociations eussent été soumises aux tribunaux civils,
on soutenait en même temps l'inadmissibilité de
la preuve testimoniale.

C'est sur ces deux propositions que la Cour
prononce : « Que ce délit ne porte pas sur des faits
» extrinsèques à des contrats ; qu'il ne suppose
» pas, comme le délit de violation de dépôt, la
» préexistence d'une convention ; qu'il se forme
» dans les actes même du prêt ; qu'il est inséparable
» du prêt, et se confond avec lui ; que dès-lors,
» tout délit étant susceptible de toute espèce de
» preuve, les stipulations d'intérêts usuraires dont
» peut se composer l'habitude d'usure, et qui sont
» présentées comme constituant le délit de cette
» habitude, doivent être soumises à la preuve tes-
» timoniale, quoiqu'elles se rattachent à des con-
» trats civils, et que les clauses portées dans un
» contrat puissent se trouver en contradiction avec
» le résultat de la preuve testimoniale ;

» Que la loi, en donnant à l'habitude d'usure
» [illegible] la présomption
» [illegible] dans tout acte,
» [illegible] convention de prêt, où il avait été
» [illegible] un intérêt excédant celui qu'elle auto-
» risé ; qu'elle a supposé, qu'en consentant à un

» intérêt usuraire, l'emprunteur n'avait point agi
» librement, et que le prêteur, en l'exigeant,
» avait agi avec fraude ;

» Que les actes et conventions de prêt avec un
» intérêt usuraire, étant ainsi frappés de la pré-
» somption légale du dol et de la fraude, entrent
» nécessairement dans les dispositions de l'article
» 1353 du Code civil ; qu'il résulte de cet article
» que la loi assimile aux preuves testimoniales
» les présomptions non établies par elle ; et que
» c'est par suite de cette assimilation, qu'elle
» prohibe les présomptions qu'elle n'a pas établies
» dans toutes les matières où les preuves testimo-
» niales sont prohibées : qu'ainsi, en admettant
» les présomptions non établies par la loi, toutes
» les fois qu'un acte est attaqué pour cause de
» fraude ou de dol, l'article 1353 est censé
» admettre la preuve testimoniale dans le même
» cas ; que dès-lors, il ne peut y avoir aucun doute
» que les fraudes d'intérêts usuraires, qui peuvent
» avoir été les élémens d'un délit d'habitude
» d'usure, ne puissent, dans la poursuite du délit,
» être prouvées par témoins. » (*Voyez le journal
du Palais, tome 39, page 16.*)

Il restait encore aux protecteurs de l'usure
dans les tribunaux, la ressource de se prévaloir de

ce que l'objet direct de ce premier arrêt n'avait été que le délit d'habitude d'usure; ils prétendaient qu'on ne s'était occupé que de reconnaître les moyens donnés au ministère public pour poursuivre la punition de ce délit; qu'on pouvait douter si les motifs donnés sur ce point de droit public, devaient conduire à la même solution, dans une instance purement civile, et lorsqu'il s'agirait d'opposer des témoins à une convention écrite.

Les décisions uniformes du tribunal de Bayeux, de la Cour de Caën et de celle de Cassation, dans une cause très-importante, ont invariablement fixé la jurisprudence à cet égard, ainsi que sur deux autres questions, qui ne présentent pas un moindre intérêt en matière d'usure.

Le 12 août 1811, le sieur Godefroy avait constitué devant notaires, au profit de Philipe, une rente de 2,000 francs, au capital de 40,000 francs, que l'acte énonçait avoir été numérés, en présence des notaires et des témoins.

Après le décès de Philipe, Lemaigre et sa femme, ses héritiers, ayant poursuivi Godefroy, celui-ci soutint n'avoir jamais reçu de Philipe qu'une somme de 4,000 francs, et que le capital de 40,000 fr. exprimé dans l'acte, n'était que le résultat des intérêts exigés à un taux variable, mais toujours excessif, capitalisés à des époques rapprochées et produisant de nouveaux intérêts, etc. Il articula et offrit de prouver des faits graves, dans le sens de son accusation.

Les héritiers de Philipe se retranchèrent sur une fin de non-recevoir qu'ils firent résulter, d'une part, de ce que Philipe, étant décédé, on ne pouvait pas être admis à prouver le délit d'habitude d'usure qu'on lui imputait, de l'autre, de ce que la preuve testimoniale ne pouvait pas être reçue, sans inscription de faux, contre un contrat autentique.

Le 9 mai 1817, le tribunal admit la preuve en ces termes : « Attendu que le fait d'usure a tou-
» jours eu le caractère du dol et de la fraude, de
» la violence et de la simulation ; que cette doc-
» trine anciennement professée a été adoptée par
» la Cour de Cassation le 7 décembre 1813 ; qu'il
» résulte de l'art. 1353 du Code civil, que la
» preuve testimoniale est recevable contre les
» actes, lorsqu'ils sont attaqués pour cause de
» dol et de fraude ;

» Attendu que la numération des espèces at-
» testée par le notaire dans l'acte, ne met pas
» obstacle à l'admission de la preuve, par la
» raison que ce fait, quoique réputé vrai, n'ex-

» clut cependant pas la possibilité d'une simula-
» tion à cet égard, à laquelle le notaire aurait été
» étranger; d'où suit que cette preuve ne tend nul-
» lement à porter atteinte au matériel de l'acte ;
    » Attendu que si Philipe existait, il pourrait
» être rendu plainte contre lui du fait habituel
» d'usure, et que Godefroy pourrait par suite
» obtenir la réduction de la créance dont il s'agit;
» mais que, bien que le décès de Philipe fasse
» cesser l'application de toute disposition pénale,
» cela ne doit point priver celui qui se prétend
» victime d'un fait d'usure, d'employer tous les
» moyens propres à constater le délit d'usure ha-
» bituelle pour parvenir plus efficacement à se faire
» rendre justice ; d'où suit qu'il peut être admis à
» prouver le fait d'usure habituelle ;
    » Attendu que les autres faits, qui concernent
» particulièrement l'acte du 12 août 1811, tendent
» à établir que la constitution qu'il renferme d'une
» rente de 2,000 fr., au capital de 40,000 fr., n'est
» que le resultat d'un prêt de 4,000 francs, fait
» quatre ans auparavant ; ce qui caractérise une
» usure énorme ;
    » A appointé Godefroy a la preuve des faits par
» lui articulés, dans les termes suivans : 1° que,
» lors la constitution rapportée 1811, et avant, comme

» depuis, Philipe se livrait à l'usure, en prêtant à
» intérêt aux uns et aux autres, à raison de trois à
» quatre pour cent par mois; 2°. que, depuis environ
» quatre à cinq ans, avant le contrat, il avait prêté
» à intérêt, audit sieur Godefroy la somme de
» 4,000 fr., pour laquelle il exigeait des intérêts
» tantôt à trois, tantôt à quatre pour cent par
» mois, qui se cumulaient ainsi avec les intérêts
» des intérêts sur ce taux, et qu'enfin ç'a été
» pour solder et éteindre cette créance que le
» contrat du 12 août 1811 fut fait, sans que le sieur
» Godefroy ait alors ni depuis emporté de chez
» le sieur Philipe l'argent attesté numéré par
» ledit contrat, sauf la preuve contraire, etc. »

Sur l'appel devant la Cour de Caën, ce jugement a été confirmé par des motifs qui, puisés
aux mêmes sources que ceux des premiers juges,
ne sont pas moins précieux à conserver : « Con-
» sidérant que de semblables circonstances (celles
» relevées dans le jugement) font présumer que
» le contrat dont il s'agit n'est pas sincère et n'a
» été fait que dans la vue, de la part de Philipe,
» de masquer des intérêts usuraires, et de faire
» fraude à la loi du 3 septembre 1807 ; considé-
» rant que les faits articulés par Godefroy tendent
» à établir cette fraude, et que, dès-lors, aux

» termes de l'article 1353 du Code civil, il y a
» lieu d'admettre, non-seulement les présomptions,
» mais encore la preuve testimoniale ; considé-
» rant que cette vérité a été consacrée par un
» arrêt de la Cour de Cassation du 22 décembre
» 1815, dans lequel cette Cour professe que, dans
» les contrats usuraires, l'emprunteur n'agit pas
» librement, que le prêteur agit avec fraude ; et
» qu'ainsi ces sortes de conventions sont frappées
» d'une présomption légale de dol et de fraude,
» et entrent nécessairement dans les dispositions
» de l'article du Code ci-dessus cité ;

» Considérant que si, en effet, la preuve de
» l'usure ne pouvait s'établir, et par les présomp-
» tions, et par la preuve testimoniale, autant vau-
» drait en ce cas, rayer l'art. 3 de la loi du 3 sep-
» tembre 1807, qui dispose que, s'il est prouvé
» qu'il y ait eu usure, le prêteur sera tenu de resti-
» tuer l'excédant de l'intérêt légal, ou d'en faire la
» réduction sur le capital ; en effet, si cette preuve
» ne pouvait être faite que par des actes par écrit,
» le législateur n'aurait-il pas bien compris qu'il eût
» été impossible de se procurer une preuve de cette
» nature ? Car, quel est l'usurier qui ne prend pas
» toutes les précautions convenables pour ne laisser
» aucune trace écrite de l'abus auquel il se livre ?

» On ne peut donc pas supposer que le législateur,
» en voulant arrêter ces abus, ait en même temps
» voulu interdire l'usage des seuls moyens propres
» à le dévoiler. D'un autre côté, si le ministère
» public peut prouver par témoins l'habitude de
» l'usure, comment se ferait-il qu'on rejetât la
» même preuve, quand il s'agirait de constater
» chacun des faits qui constituent cette habitude?
» La preuve testimoniale, en pareil cas, était
» admissible dans notre ancienne jurisprudence;
» si la loi de 1807 ne l'admettait pas elle-même,
» ou, si elle servait de prétexte pour la rejeter,
» loin que cette loi fût propre à intimider les
» usuriers, elle deviendrait au contraire leur
» égide; et après les maux incalculables que la
» dévorante usure a faits à la société, il est im-
» possible de croire que la loi destinée à y mettre
» un terme, puisse au contraire en favoriser les
» progrès et en assurer l'impunité :

» Considérant que ce n'est pas ici le cas d'ap-
» pliquer cette maxime que *celui qui a participé*
» *à une fraude ne peut s'en faire un titre* : car
» l'emprunteur ne participe à la fraude que passi-
» vement, et le prêteur en est le seul auteur.
» Comment pourrait-on appeler son complice
» celui qui ne figure dans une pareille convention,
» que comme contraint par sa malheureuse posi-

» tion à en devenir victime? La cause se présente
» donc avec de telles circonstances, que ce serait
» blesser la justice, la raison et la loi, que de
» dire qu'en pareil cas la preuve testimoniale
» n'est pas admissible:

» Considérant que, si la preuve testimoniale
» peut être admise, selon les circonstances, en
» matière d'usure, ce n'est pas une raison pour
» admettre indistinctement tous les faits allégués
» par une partie, et qu'il faut au contraire exa-
» miner si ces faits en eux-mêmes sont admissibles
» et concluans. Or, lorsque l'engagement se trouve
» formé par un contrat authentique, on ne peut,
» sans prendre la voie de l'inscription de faux,
» proposer des faits de preuve qui tendraient à
» établir le contraire de ce qui se trouve formelle-
» ment exprimé comme vrai par ce contrat. Mais
» lorsque ces faits peuvent être vrais, sans que
» ceux exprimés dans le contrat soient faux, il
» n'est pas douteux que la preuve peut en être
» admise sans avoir recours à l'inscription de faux,
» si d'ailleurs ces faits de preuve sont concluans. »

Devant la Cour de Cassation, les héritiers Philipe fondaient principalement leur pourvoi sur ce
que l'acte portant expressément que les 40,000 fr.
avaient été numérés en or, en présence du no-
taire et des témoins, l'article 1319 du Code civil

proscrivait toute preuve par témoins, jusqu'à l'inscription de faux, contre cet acte authentique. Ce
moyen était en effet le plus sérieux.

La Cour de Cassation n'a pas été moins sévère
que les premiers magistrats, et voici ses motifs :
« Attendu que, d'après les lois, l'usure peut être
» établie par la preuve vocale ; que par conséquent,
» l'arrêt attaqué ne se trouve point avoir contre-
» venu à l'article 1341 du Code civil ;

» Attendu que tous les faits dont la preuve a
» été admise, sont pertinens, et ne contrarient en
» rien le fait de numération d'espèces attesté dans
» l'acte du notaire, qui a pu rester étranger à la
» simulation des choses qui se passaient devant lui ;

» Attendu que le décès de Philipe, qualifié
» d'usurier habituel, rendait bien le tribunal de
» police correctionnelle incompétent ; mais que
» l'action qui résultait de l'usure reprochée n'en
» subsistait pas moins, et a pu être légitimement
» poursuivie devant les tribunaux ordinaires, et les
» preuves légalement ordonnées par témoins,
» ainsi qu'il résulte de l'esprit de la loi du 3 sep-
» tembre 1807. »

On peut ajouter que le texte est conforme à
son esprit : « Lorsqu'il sera prouvé, porte l'art. 3,
» que l'intérêt conventionnel, etc. » Ainsi la loi

admet la preuve, sans aucune restriction dans les moyens de la faire; or, les exceptions ne se supposent pas, et toute faculté accordée sans limites doit être exercée dans toute la latitude qui lui est propre.

60. **Le point** difficile dans cette sorte de causes, est de reconnaître quels sont les faits dont la preuve par témoins est admissible. Pour qu'ils soient concluans, et conséquemment admis en preuve; il faut qu'il puisse en résulter la certitude d'une convention usuraire. Ainsi, le débiteur d'une obligation de 10,000 fr. offrirait inutilement de prouver qu'il a payé annuellement 1000 fr. au lieu de 500 fr. seulement pour intérêts, s'il n'offrait pas en même temps de prouver que ces paiemens étaient *pour le service des intérêts*. Autoriser la preuve des paiemens sans celle de leur destination, ce serait commettre une infraction à la prohibition de la preuve vocale contre celle littérale. Cette prohibition est la règle générale, à laquelle il y a exception pour le cas de *dol et de fraude :* pour jouir de la faveur de l'exception, il faut donc prouver la circonstance à laquelle elle est attachée.

61. Il importe encore d'observer que si les faits articulés, quoique probatifs d'usure, se trouvaient en opposition avec ceux constatés par l'acte, la

preuve ne pourrait en être obtenue que par la voie de l'inscription de faux ; c'est un des principes rappelés par l'arrêt que nous venons de rapporter : les faits articulés y sont déclarés pertinens , parce qu'ils ne sont pas contraires à ceux constatés par l'acte du notaire.

Si le sieur Godefroy eût offert de prouver que la numération d'espèces énoncée dans l'acte pour avoir été faite en présence du notaire et des témoins, ne l'avait pas été, il eut été assujéti à l'inscription de faux ; mais sans nier cette numération , il offrait de prouver qu'il n'avait pas emporté les espèces ; ce qui était conciliable : on ne pouvait pas lui refuser la preuve.

62. De l'admissibilité de la preuve testimoniale lorsqu'il s'agit de combattre l'usure, il faut conclure, comme on l'a fait dans les décisions qu'on vient de lire , et par suite de l'article 1353 du Code civil, que les présomptions sont encore des armes légales qu'on peut employer contre elle.

63. Indépendamment de celles communes à tous les genres de fraude, il en est plusieurs qui signalent assez ordinairement l'usure :

1°. L'habitude du créancier de se livrer à ce vil trafic, rend déjà très-suspectes les conventions faites avec lui. C'est cette circonstance que les anciens regardent comme la plus démonstrative ; à toutes les indications d'usure qu'ils font apercevoir, ils ajoutent presque toujours, *et maximè si sit consuetudo fœnerandi*.

2°. Le silence sur les intérêts dans les actes obligatoires, fait facilement présumer qu'il en a été exigé d'illicites. Dans l'état où sont nos mœurs et nos habitudes, il est si rare qu'un prêt soit purement gratuit, surtout quand il est fait avec les précautions d'acte authentique et d'hypothèque, que, si la somme est dite payable à une époque accordée sans intérêt, on peut naturellement soupçonner que le prêteur n'a été aussi généreux que parce que déjà ces intérêts, retenus d'avance, étaient dans sa bourse. Les auteurs du Code civil ont reconnu cette suspicion légitime, puisque, même pour les temps où le taux de l'intérêt conventionnel ne sera pas fixé par la loi, ils ont voulu, article 1907, que la quotité de ceux convenus fût exprimée dans la convention; espérant par là obtenir de la pudeur des capitalistes une modération dont ils pourraient n'être pas capables en secret : disposition dont la Cour de Cassation a fait l'application par un arrêt du 29 janvier 1812, en déclarant réductibles des intérêts stipulés avant la loi du 3 septembre 1807. *V. le Journal du Palais, tom.* 53. *p.* 176.

3°. Les prorogations d'obligations à terme et

les renouvellemens de billets, sans qu'il apparaisse des conditions de ces attermoimens réitérés, conduisent à la même conséquence.

4°. Il en est de même, quand il est constant que des intérêts non réglés par écrit ont été payés sans quittance.

5°. On ne peut se défendre de la même opinion, lorsqu'un créancier, au lieu de se faire payer de premières obligations échues, s'en fait souscrire de nouvelles successivement, et vient ensuite réclamer le paiement de ces créances accumulées.

64. L'admissibilité des présomptions pour établir l'usure, a une conséquence infiniment importante, et qui devrait arrêter quiconque est tenté d'améliorer sa fortune par cet odieux moyen.

Lors même que les présomptions acquises contre le créancier ne réuniraient pas tous les caractères nécessaires pour en faire une preuve complète, si cependant elles donnaient déjà de justes raisons de croire fondées les plaintes du débiteur, les juges pourraient terminer le différend par le serment de ce dernier. Ce commencement de preuve de l'usure par les présomptions, place les magistrats dans le cas que prévoit l'article 1567 du Code civil. Que le débiteur ait fait de l'usure

l'objet d'une action ou d'une exception, sa prétention, *sans être pleinement justifiée, n'est pas
dénuée de preuves*; ce qui suffit pour que le juge
puisse lui déférer le serment d'office, puisque,
dans ce cas, la loi lui donne le droit de le déférer,
suivant l'impulsion de sa conscience, *à l'une des
parties.*

S'il s'élevait des doutes sur cette juste interprétation des articles 1366 et 1367 du Code civil,
nous les dissiperions par le suffrage de MM. Toul-
lier et Delvincourt (*V. leurs Cours de droit
civil*), et particulièrement par l'arrêt du 2 mai
1810, que rapporte M. Merlin dans la 4e. édition
du *répertoire de jurisprudence*, au mot *Serment,*
§ 2, *art.* 2, n°. 5. Cet arrêt casse un jugement
du tribunal de Marseille qui, par suite de présomptions, avait admis le serment du demandeur,
dans une cause qui n'était pas susceptible de la
preuve par témoins; les motifs qui l'ont fait ré-
prouver sont : « que les présomptions qui ne sont
» pas fondées sur la loi ne peuvent être appré-
» ciées par les juges, que dans les cas seuls où la
» preuve testimoniale du fait contesté se trouve-
» rait admissible; que c'est dans ces seuls cas
» aussi que le serment supplétif peut être dé-
» féré. »

Supposons donc qu'un usurier d'habitude, déclaré

tel et puni par jugement, demande l'exécution d'une obligation de 10,000 fr , stipulée payable à plusieurs années de sa date sans intérêt ; si ces deux circonstances ne donnent pas la conviction que des intérêts, au taux habituel de l'usurier, ont été perçus, au moins il est difficile de ne pas en concevoir une vive persuasion. Dans une cause de cette nature le serment supplétif devient nécessaire ; le déférer à l'usurier, ce serait ordonner un parjure ; le débiteur, si rien ne s'élève contre ses mœurs, est donc celui qui, par son serment, donnera plus de sécurité à la justice.

La régle générale, sur cet important pouvoir des magistrats, est que ce qui doit les déterminer, est la qualité des parties et les circonstances de la cause, *inspectis personarum et causæ circunstantiis*. Dans l'espèce que nous venons de supposer, elles sont toutes contre le créancier et en faveur du débiteur.

65. Un arrêt de la Cour de Paris, du 26 mai 1810, qu'on trouve dans le *Journal du Palais*, 2e. *semestre* 1810, *p.* 215, pourrait paraître opposé à ce qui vient d'être dit, surtout par l'intitulé que l'arrêtiste lui a donné. Mais en examinant le point de fait avec plus d'attention qu'on ne l'a fait dans ce recueil, on verra que la décision devait être ce qu'elle a été.

Le sieur Lebel poursuivait contre les sieurs et dame Paillard, l'exécution de trois obligations notariées, l'une de 20,000 fr., du 11 ventose 13 (1805), la seconde, du 18 octobre 1806, de 14,812 fr., et la troisième, du 31 octobre 1807, de 7,150 fr. Les débiteurs prétendaient n'avoir reçu dans l'origine que 11,100 fr., et que tout le surplus ne se composait que d'intérêts excessifs. Ils représentaient une feuille de papier sur laquelle une foule de notes, de chiffres et de calculs, écrits suivant eux de la main du sieur Lebel, faisaient voir qu'ils n'avaient effectivement reçu que 11,100 fr., mais que les intérêts comptés à dix-huit pour cent, puis réunis au capital et progressivement portant avec lui le même intérêt, avaient élevé leur dette à 41,962 fr..

Le sieur Lebel n'avouait ni ne déniait la feuille représentée et les calculs correspondant à ses obligations; il ne s'expliquait pas davantage sur le fait de l'écriture qu'on disait être la sienne. Se bornant à dire qu'une feuille informe non signée, ne pouvait pas être opposée à des titres réguliers, il soutenait ses débiteurs non-recevables dans leur opposition à ses poursuites.

Le 15 janvier 1810, le tribunal de Vitry-sur-Marne ordonna l'exécution de l'obligation de 20,000 fr., du 11 ventose an 13, attendu que rien ne justifiait qu'elle ne fût pas légitime. Mais frappé de la corrélation existante entre les calculs du bordereau et les deux autres obligations sous-crites par les sieurs et dames Paillard, et de ce qu'il en résultait que les intérêts avaient été comp-tés, non à cinq pour cent, comme la première obligation le portait, mais à dix-huit pour cent, avec les intérêts des intérêts et sur le même taux, il ordonna que, dans la huitaine, le sieur Lebel serait tenu de déclarer si l'écrit ou bordereau re-présenté était, ou non, de sa main, pour, en cas de dénégation, l'écrit être vérifié; en cas d'aveu ou de silence, les parties entrer en compte devant l'un des juges.

C'est sur l'appel de ce jugement que la Cour de Paris a rendu l'arrêt portant : « Attendu que Lebel » est porteur de titres en bonne forme, qui ne » peuvent pas être détruits par des allégations, » ou par un papier informe dont le rapport avec » les actes n'est pas établi, décharge Lebel des » condamnations, etc. »

Il est très-probable que les vrais motifs qui ont déterminé cet arrêt ont échappé à son rédacteur. En effet, l'article 5 de la loi du 3 septembre 1807, veut qu'il ne soit rien « innové aux stipulations » d'intérêts par contrats ou autres actes faits jus-» qu'au jour de sa publication. » Or, la première obligation des sieurs et dame Paillard était de 1805, la seconde était de 1806, et la troisième du 31 octobre 1807, trente-huit jours seulement après le 23 septembre, époque de la publication de la loi. Ce dernier acte seul pouvait donc être examiné, et il résultait du bordereau représenté, que la presque totalité des valeurs composant les 7,150 fr. portés en cet acte, se composaient d'intérêts échus avant la loi, et par suite de conventions alors permises. Les plaintes des sieur et dame Paillard n'étaient donc pas fondées; il n'y avait pas eu à leur égard fraude à la loi, puisque le statut prohibitif n'existait pas encore.

Mais si une espèce semblable était aujourd'hui soumise aux tribunaux, et particulièrement à la même Cour, tout porte à penser que la décision en serait beaucoup moins favorable au créancier.

Par cela seul que Lebel ne niait pas que le bordereau fût de sa main, il était évident qu'en effet il avait été écrit par lui; avec quelle énergie un homme incapable d'usure, ne repousserait-il pas une pièce qui, servant à l'en accuser, serait apocryphe! En tout cas, un interrogatoire sur faits et articles aurait facilement éclairci ce point de fait.

Le bordereau étant de Lebel, et ne recevant par lui aucune explication qui le rendît étranger à la cause, il en résultait, par la corrélation des sommes et des opérations arithmétiques qu'il contenait en grand nombre, la preuve par écrit et la démonstration mathématique de l'usure. Sans contredit, lorsqu'il s'agit de briser des actes réguliers à la forme, le doute est salutaire ; mais il ne faut pas qu'il aille jusqu'au scepticisme ; et quand la conscience des juges ne peut plus le concevoir, quand un heureux hasard, dans les causes ordinairement enveloppées de ténèbres, fait apercevoir la vérité, quel magistrat voudrait l'éloigner?

Nous n'hésitons pas à penser qu'un pareil fait, aujourd'hui, serait suivi de la condamnation du créancier, en complétant la preuve par le serment du débiteur ; ou qu'au moins, si le créancier obtenait le maintien de ses titres, ce serait à la charge d'en affirmer la sincérité.

CHAPITRE VI.

Exceptions.

Les diverses exceptions dont sont susceptibles toutes les actions peuvent aussi être opposées à celles qui concernent l'usure, mais avec des modifications, et sous des conditions que la faveur due à ces actions a rendues nécessaires. Nous allons parcourir les principales, qui sont :

1°. La chose jugée,
2°. Les actes confirmatifs,
3°. La prescription.

ARTICLE Ier.

Chose jugée.

SOMMAIRE.

66. Ancienne jurisprudence.
67. Législation actuelle.
68. Jugemens faisant titre.
69. Jugemens de simple exécution.
70. Jugemens servant de titre nouvel.

66 Dans l'ancienne jurisprudence, surtout avant l'ordonnance de 1667, et quand on pouvait revenir

contre un jugement même souverain par *proposi-tions d'erreur*, la chose jugée ne pouvait presque jamais être admise contre l'action ou l'exception d'usure. Les Docteurs, tout étant très-discords sur les cas dans lesquels elle était recevable, les avaient multipliés à l'infini : mais leurs subtilités scholastiques ne peuvent plus se concilier avec la simplicité et l'exactitude de notre procédure ; et toute la théorie à ce sujet se réduit aujourd'hui à une seule règle.

67. Parmi les jugemens qui interviennent sur un acte usuraire, il faut distinguer ceux qui forment le titre de la créance, de ceux qui ne sont que l'exécution d'un titre préexistant.

68. Quand le jugement a pour objet de faire un titre au créancier, si le débiteur veut contester la légitimité de la créance pour usure, ou pour toute autre cause, il doit le faire avant le juge-ment, sans quoi, la condamnation prononcée contre lui, fût-elle par défaut, si les voies d'opposition et d'appel lui échappaient, il serait non-recevable à exciper de l'usure : c'est dans ce cas que s'appli-que invariablement la règle, ***res judicata pro veri-tate habetur***.

Ainsi l'usure contenue dans un billet ne peut plus donner lieu à aucune tentative pour en avoir réparation, si, sur le billet, le confectionnaire a été condamné à en payer le montant. Il n'est plus débiteur d'un billet, il l'est d'une condamnation judiciaire, qu'il peut faire réformer par tous les moyens institués pour rectifier les erreurs des juges, mais qui est hors de toute atteinte par action principale ou exception.

69. Lorsqu'au contraire le créancier a un titre, et que son exécution donne lieu à une instance dans laquelle la légitimité de la créance n'est pas mise en question, comme si les meubles du débiteur ont été saisis, et qu'il y ait eu, sur le mérite de la saisie, une instance, le jugement rendu à ce sujet est sans force, si postérieurement le débiteur demande la nullité du titre, ou la réduction de la créance. On ne peut pas lui opposer comme chose jugée la légitimité de cette créance, puisqu'elle n'a pas été soumise au tribunal. La demande nouvelle a une cause toute différente de celle du premier jugement ; et, suivant l'article 1351 du Code civil, une des conditions pour que l'autorité de la chose jugée soit reconnue, est que la demande soit fondée sur la même cause que celle précédemment jugée. Dumoulin, *Quest.* 15, *n°.* 185, rapporte un arrêt conforme à ce principe.

Les marguilliers des SS. Innocens de Paris avaient, en constituant une rente au profit de la fabrique, imposé au débiteur l'obligation de ne pas la rembourser avant quatre ans, condition alors prohibée comme contraire à la faculté de se libérer, et réputée usuraire. La maison servant d'hypothèque spéciale à cette rente fut mise en saisie réelle : tous les créanciers opposans y furent admis suivant l'ordre de leurs titres, et, dans cet état, la maison fut vendue. Onze ans après, dans l'instance de distribution du prix, un des créanciers, primé par la créance de la fabrique, s'aperçut de la clause usuraire, et demanda la nullité du contrat ; on lui opposa en vain le premier arrêt qui avait réglé l'ordre dans lequel viendraient les créanciers, la nullité fut prononcée nonobstant le premier arrêt, *in quo*, dit Dumoulin, *de usurâ non fuerat disputatum*. Cette décision est également rapportée par *Papon*, *liv.* 12, *tit.* 7, *art.* 19. Elle est du 7 mars 1513.

70. La même règle serait applicable au jugement tenant lieu de titre nouvel d'une rente, lors duquel la question d'usure n'aurait pas été agitée. Le titre nouvel, même prononcé en justice, soit d'expédient, soit contradictoirement, est régi, comme les autres, par la règle générale contenue dans l'article 1337 du Code civil, qui veut que l'acte récognitif se réfère au titre primordial, et que ce qui s'y trouve de différent n'ait aucun effet. Un jugement de cette nature ne décide pas que

la rente est légitime, mais seulement qu'elle n'est pas prescrite, et qu'elle subsiste telle qu'elle a été créée.

ARTICLE II.

Actes confirmatifs.

SOMMAIRE.

71. Les actes qui confirment l'usure sans la réparer, sont nuls.
72. Transactions sur l'usure.
73. Application de ces principes à la consultation mentionnée au n°. 54.
74. Remise de l'action par l'emprunteur après sa libération, est valable.
75. Elle est nulle si la libération n'est que simulée.

71. Le consentement du débiteur dans le contrat constitutif de l'usure, étant réputé, comme nous l'avons précédemment établi, l'effet de l'oppression et du dol, il s'ensuit que tous les actes confirmatifs qu'on a pu obtenir de lui sont infectés du même vice, s'ils ont eu pour objet de consommer l'usure au lieu d'en réparer les effets. Telle est la règle à laquelle il faut s'attacher. Elle est fondée sur les lumières de la raison, le sentiment unanime des auteurs et la jurisprudence uniforme des Parlemens. Louet et Brodeau son annotateur, donnent à ce sujet d'amples détails.

Voyez lettre T, *titre* 6 ; elle est d'ailleurs la conséquence directe de l'action en restitution, instituée par la loi de 1807.

Ainsi, les indications de paiement, les délégations, les ventes au créancier lui-même, en un mot tous les actes d'exécution, quels qu'en soient le nombre et le caractère, s'il est prouvé, en définitive, que la créance était usuraire, n'enlèvent pas au débiteur le droit d'entrer en compte, et de recouvrer ce qui, par cette voie réprouvée, lui a été ravi.

72. Les transactions elles-mêmes, ordinairement si favorables, parce qu'elles tendent à rapprocher ceux que l'intérêt divise, et à éteindre les haînes et les dissentions, suites inévitables des procès, ne sont pas toujours à l'abri des réclamations.

Pour leur validité, il faut, d'abord, qu'il soit manifeste qu'on a voulu transiger sur l'usure : autrement le principe général sur les transactions, conservé par les articles 2048 et 2049 du Code civil, serait applicable.

Il faut encore qu'il ne s'agisse que d'éteindre la recherche d'un intérêt payé, et non d'exécuter à l'avenir en tout ou en partie une promesse usuraire. « Quand la transaction, dit Louet, *loc. cit.;* » contient l'exécution des contrats usuraires et

8

» réprouvés, *futuram usuram continet*, elle est
» fondée sur un fondement vicieux qui renverse
» tout, *et malæ fidei possessor est, qui contra*
» *leges et edicta mercatur.* »

75. Ce principe dont personne ne peut contester la justesse, achève la réfutation de la consultation sur le jugement du tribunal d'Orthèz. (*Voyez ci-dessus, n°. 56.*)

Les 20,000 fr. promis par la donation de 1809, étaient l'usure la plus palpable, nous l'avons démontré. La composition, à 6,000 fr. payables dix-huit mois après, pour tenir lieu des 20,000 fr. qui ne l'étaient qu'après la mort du débiteur, n'est autre chose que la même usure revêtue d'une autre forme ; elle est donc nulle comme la donation.

Ces actes frauduleux qui suivent un premier traité usuraire, et en sont l'exécution, doivent, plus encore que ce traité, provoquer la sollicitude des magistrats en faveur du débiteur.

Ce dernier, lors du prêt, si la loi était trop dure, pouvait ne pas la subir : mais le prêt fait, les espèces consommées, il est resté enchaîné, et dans une telle dépendance du capitaliste, qu'il n'a plus eu que des ordres à recevoir.

Telle était, à-peu-près, la position de Gentien à l'égard de Maze, lors de l'acte de 1811 ; il lui devait encore le montant d'un billet de 1850 fr.,

la donation de 20,000 fr. paralysait, par son hypothèque, en grande partie le prix du domaine qu'il
avait vendu, et qui devait servir à payer ses dettes.
Dans une telle conjoncture, il fallait satisfaire
Maze; et probablement il fit valoir, comme une
louable condescendance, son consentement à convertir les 20,000 fr. payables à une époque qui
pouvait être fort éloignée, en 6,000 fr. effectifs.

C'est précisément pour sauver les emprunteurs
des bontés perfides des prêteurs, que toute transaction faite lorsque l'usure pèse encore de tout
son poids sur le débiteur, est réputée, comme le
prêt même, l'effet de l'oppression et de la fraude
du créancier.

Quand la dette usuraire est complètement
payée, la transaction passée depuis sur l'action en
restitution, quelques sacrifices qu'elle impose à
la personne lésée, est valable. Par son paiement
intégral, le débiteur a recouvré sa liberté, et a pu
faire à l'usurier la remise de son action, comme
de tout autre droit.

74. Mais, on le répète, c'est cette indépen-
dance acquise par une entière et franche libération, qui rend valable la composition sur l'usure,
ou même la remise totale de l'action, à titre de
libéralité; en sorte que, si cette libération n'était

que simulée, si, quand l'usurier donnait quittance définitive de l'obligation illicite, il faisait sous-crire des billets, soit sous son nom, soit sous celui de personnes interposées, billets encore dus au moment de la transaction, on ne pourrait voir dans cette frauduleuse extinction de l'usure, qu'une exaction de plus de la part de l'usurier.

75. Ces règles de morale, autant que de droit, n'ont pas échappé à Dumoulin. *Etiam formalis usura, et in pactum deducta non obligat ad restituendum nec pauperibus erogandum, secuta spontanea remissione usurarum solutarum, vel liberali solutione animo donandi facta post mutui restitutionem : secùs si remissio vel solutio non esset merè liberalis, sed ad emerendum gratiâ fœnoris ad futura mutua, vel alias frau-dulenta vel impressiva, in quo sufficient con-jecturœ. Tract. usur. nº. 8.*

Article III.

Prescription.

SOMMAIRE.

76. Erreur de l'opinion que la prescription ne peut jamais couvrir l'Usure.
77. Circonstances particulières à considérer.
78. Usures consommées.
79. Prescription de l'action publique.
80. Prescription de l'action civile.
81. Usures palliées se prescrivent par dix ans.
82. Ces dix ans ne courent que du jour de la libération du débiteur.
83. Usures manifestes ne se prescrivent que par trente ans.
84. Usures flagrantes.
85. Elles sont toujours réductibles.
86. La preuve, en ce cas, doit être formelle et non conjecturale.
87. Elle peut résulter d'un autre acte que celui attaqué.
88. La réduction doit être prononcée même contre les possesseurs de bonne foi.
89. Tous les ayant-cause du débiteur y ont droit.
90. Restitution des arrérages reçus.
91. L'auteur de l'Usure les doit tous.
92. De même de ses successeurs, s'ils ont connu le vice.
93. Leur bonne foi se présume jusqu'à la preuve contraire. Ils peuvent, en ce cas, opposer la prescription pour une partie des arrérages.
94. Les trente années restituables ne sont pas des fruits.
95. Note chronologique des variations du taux légal de l'intérêt.

76. **L'**usure ayant un caractère particulier qui n'a rien de commun avec les autres genres d'ini-

quités, la prescription, à son égard, doit être soumise à des règles spéciales, qui ont été un sujet de controverse entre les anciens Docteurs.

Plusieurs même, dont les savans écrits sont encore consultés avec fruit, et parmi lesquels se font remarquer Alexandre, Balde et Tiraqueau, voulaient qu'aucune prescription ne pût éteindre le droit de réprimer l'usure, et donnaient ce motif imposant : *tantò gravius quantò diuturnius.* Quelques auteurs modernes ont aussi suivi cette opinion, que Dumoulin a judicieusement combattue. (*Quest.* 17 , n°. 190.)

77. S'il est vrai que, comme le remarque ce profond jurisconsulte, il n'y ait pas plus de méchanceté dans l'usure que dans le dol, la violence, le vol, etc., et conséquemment que la prescription lui soit applicable comme à ces délits et même aux crimes, il l'est également qu'elle a un caractère et produit des effets qu'il importe d'observer, pour discerner les cas où la prescription peut être admise, de ceux où elle doit être rejetée.

1°. Tandis que les autres espèces de dol et de larcins se bornent à une soustraction instantanée, commise à l'insu du propriétaire de la chose, l'usure est presque toujours une série de vols, dont la victime elle-même est complice, et qui ne finit que lorsque celle-ci n'a plus rien à perdre.

2°. De cette série de vols qui se prépare dans le contrat usuraire, et se développe dans son exécution, il résulte que l'usure, depuis le traité jusqu'à sa consommation, n'est qu'un dol continu.

3°. Tant que ce dol n'est pas consommé, l'infortuné qui le souffre ne peut pas agir pour se plaindre ; le secours qu'il pourrait obtenir de la justice, étant beaucoup moins certain que le mal qu'il redoute d'un usurier irrité.

4°. Ceux qui cherchent à mettre la main sur le bien d'autrui, s'attachent de préférence aux lieux où règnent la prospérité et l'abondance ; mais l'usurier, comme le dieu du mal qu'implorent certaines tribus de l'Inde dans leurs calamités, ne reçoit de sacrifices, que de ceux qui, dans le malheur et la nécessité, viennent se mettre à sa merci.

Dans ces observations, va se trouver la clef de la plupart des questions que nous allons examiner.

78. Une première distinction est à faire entre les usures consommées et celles encore flagrantes.

A l'égard des premières, incontestablement l'action peut être prescrite ; mais, suivant la nature des diverses actions, le laps de temps nécessaire est bien différent.

79. Trois ans suffisent contre l'action publique, c'est la règle générale pour tous les délits de

nature à être punis correctionnellement, établie par l'article 638 du Code d'instruction criminelle.

Nous ne ferons qu'une seule remarque sur cette règle : c'est que, comme le délit d'usure se continue par la perception de ses gains illicites, celui qui s'en rend coupable ne commence à prescrire, que du jour où il a reçu la dernière somme produite par ses prêts usuraires. Ainsi, la dernière négociation de ce genre que se soit permise Jacob, étant un billet de 1,200 fr. , souscrit à son profit par Jean, pour 1,000 fr. seulement qu'il lui a remis ; les trois ans n'ont commencé à courir que du jour où le billet a été payé, et non de celui où il a été confectionné. Jusques-là, le fait d'usure n'était qu'en perspective ; il ne s'est réalisé que lors du paiement.

80. Quant à l'action civile, si elle était connexe avec celle publique, elle subirait la même prescription qu'elle, par suite des articles 637 et 638 du Code d'instruction criminelle; mais on l'a vu, en matière d'usure, il n'y a aucune corrélation entre les deux actions; elles ont des objets très-différens : l'une poursuit la vengeance d'une habitude dangereuse à la société, l'autre doit se borner à la réparation du tort éprouvé par un individu. Cette dernière appartient donc essentiellement à la classe

des actions purement civiles, et ne peut être effacée que par les prescriptions ordinaires.

Il faut encore distinguer entre les *usures palliées*, et les *usures manifestes*, ou *formelles*.

81. On ne peut obtenir justice de *l'usure palliée*, que par l'action en nullité ou rescision de la convention qui lui donne les couleurs de la légitimité. L'article 1304 du Code civil contient une disposition trop généralisée pour qu'elle n'embrasse pas le cas d'usure : « Dans tous les cas, porte » cet article, où l'action en nullité ou en rescision » d'une convention n'est pas limitée à un moindre » temps par une loi particulière, cette action » dure dix ans. »

A la vérité, cette disposition n'est pas nouvelle, elle a été puisée dans l'article 46 de l'ordonnance donnée par Louis XII, en 1510, ainsi conçu : « Toutes rescisions de contrats, distraits, ou d'au- » tres actes quelconques, fondées sur dol, fraude, » circonvention, crainte, violence ou déception » d'outre moitié de juste prix, se prescriront » dorénavant... par le laps de dix ans conti- » nuels, etc. » Si l'on en croit cependant la plupart des anciens auteurs, la faveur de cette disposition ne pouvait pas s'étendre jusqu'à l'usure. Dumoulin même semble le dire (*quest.* 17, *n°. 193, et sur la coutume de Paris, tit. 4, à la rubrique), nonobstante constitutione regiâ... quæ non habet locum in contractibus usurariis, sive de simulatione et nullitate, sive de fraude et rescisione agatur, ut etiam dixi in consuetudine Parisiorum, etc.*

Quelqu'imposante que soit, en général, l'autorité de ce jurisconsulte, elle ne doit être d'aucun poids sur la question qui nous occupe, parce qu'il ne parle ainsi qu'à l'égard des redevances usuraires encore dues au moment de l'action; et que, dans cette hypothèse, comme nous espérons le faire voir par la suite, aucune prescription n'a pu courir, même contre l'action en nullité du contrat.

On peut aller jusqu'à penser que, s'il eût traité directement la question que nous examinons, il l'aurait décidée par l'application de l'ordonnance; car, plus loin (*quest.* 19, nº 200), en parlant de l'action en restitution, il rejette encore cette loi, mais par ce motif : *Quia condicens indebitum non dicitur venire contra pacta et conventa, nec petere illa rescindi, ut dixi,* etc.

Or, pour le moment nous ne raisonnons que sur le cas où, après que la convention usuraire a été complètement terminée, la personne lésée veut revenir *contra pacta et conventa, et petere illa rescindi.*

Au surplus, quelle qu'ait été sur ce point l'ancienne jurisprudence, les tribunaux actuels, plus rigoureusement attachés à la stricte exécution des lois que les Parlemens, ne pourraient, sans s'exposer à la censure de la Cour de cassation, se dispenser d'appliquer à l'action en nullité pour usure, la disposition de l'article 1304 du Code civil; et, il faut en convenir, aucun motif plausible ne pourrait justifier leur décision.

82. Mais de quelle époque devra-t-on compter les dix années de prescription? Suivant nous, ce ne doit être que du jour où le débiteur aura, par sa libération entière, reconquis sa liberté.

D'abord l'article 1304, dans sa première partie, porte que l'action en rescision d'une convention dure dix ans, sans fixer littéralement de quel jour partent ces dix ans. Son esprit, il est vrai, est qu'ils partent du jour de la convention; mais cette interprétation par l'esprit de la loi, doit en tout suivre ce même esprit; or, nous l'avons dit, la convention usuraire ne consiste pas seulement dans le traité qui fonde et prépare l'usure, mais dans l'exécution qui la consomme : à la différence des autres espèces de dol et de fraude, qui se commettent et se consomment dans le traité même.

En second lieu, ce même article ne fait courir les dix ans qu'il accorde, *dans le cas de violence*

que du jour où elle a cessé; et, par l'article 1112,
« Il y a violence lorsqu'elle est de nature à faire
» impression sur une personne raisonnable, et
» qu'elle peut lui inspirer la *crainte d'exposer sa*
» *personne ou sa fortune à un mal considérable*
» *et présent.* »

Or, qui pourrait se refuser à voir le débiteur
d'un usurier, dans cet état de *crainte d'exposer
sa fortune à un mal considérable et présent ?*

Emprunter de ces hommes cupides, est la dernière resource de ceux qui courent à l'infortune :
comme on ne brave l'amertume des breuvages
qu'offre la médecine, que quand on est malade;
si l'on en vient à cette extrémité, c'est parce que,
dénué de crédit, on ne peut plus donner de sûretés, que par ces voies aussi familières aux
usuriers que répugnantes pour les gens honnêtes.
Dumoulin a dit, en parlant de ces infortunés, et
des conditions dures qu'ils subissent, *egestas
excludit voluntarium :* et la Cour de cassation,
dans son arrêt du 2 décembre 1813, que nous avons
rapporté n°. 60, a signalé aussi énergiquement ces
négociations, en disant de l'emprunteur qu'il
n'agit pas librement, et du prêteur qu'il *agit avec
fraude*.

Si telle est la pénible situation de celui qui
emprunte à usure, son mal ne peut qu'empirer

après un tel remède : peut-il, dès le lendemain,
demander la rescision du contrat? il ne le pourrait
qu'en rendant le prêt, et il n'a plus les espèces ;
il s'exposerait à toutes les rigueurs d'un créancier
aigri et impitoyable ; ou il se jetterait dans les
serres d'un autre ; ou enfin, de quelque manière
que ce soit, il retomberait dans un état pire que
celui dont il a voulu sortir. Il est donc certain
que, tant qu'il n'a pas acquitté sa dette, il éprouve
la vérité de cette parole de l'Ecriture : *qui
mutuum accipit, servus est fœneratoris ;* et dès-
lors, que le temps utile pour former son action,
ne peut courir que du jour de sa rédemption.

On peut opposer à notre sentiment, un arrêt de
la Cour de cassation du 11 prairial an 7, qu'on
trouve dans le *Recueil de M. Sirey, tome Ier.,
partie Iere., pag.* 215. Mais la question n'avait
pas été agitée dans l'instance, et l'eût été inutilement ; le contrat attaqué comme usuraire, ne
l'était pas ; il s'agissait d'une rente viagère qu'on
prétendait illégale, pour avoir été portée à un taux
excessif. Le tribunal de la Manche, sur l'appel de
celui du Calvados, en avait prononcé la réduction.
Ce jugement a été cassé, par le motif qu'aucune loi
n'a fixé le taux des rentes viagères ; l'arrêt contient
cet autre motif que la rente avait été servie dix-
sept ans, et dès lors que les dix années de l'action

en rescision étaient écoulées. Mais, comme on le voit, le premier motif était si décisif, qu'on pouvait se dispenser d'approfondir le second, et dans la relation de l'arrêt, rien ne donne à penser que la question que nous venons de traiter, ait été même présentée.

Supposant donc qu'un particulier, pour se procurer un capital, ait vendu, avec faculté de réméré, un domaine d'une valeur beaucoup plus considérable ; que l'impignoration usuraire puisse en être reconnue aux diverses marques que nous avons indiquées, n°. 51, et particulièrement parce qu'il aurait continué de jouir de son domaine, en vertu du bail à lui fait, directement ou indirectement, moyennant une redevance excédant l'intérêt légal du capital prêté ; l'action en rescision de cette convention odieuse lui appartiendrait incontestablement : mais le point de départ du délai pour former cette action, serait déterminé par l'événement.

S'il reprend son domaine en exerçant la faculté de rachat dans le temps fixé, et qu'il n'ait qu'à recouvrer les usures par lui payées, comme il ne peut y parvenir qu'en faisant rescinder la convention qui a déguisé ces exactions en tributs légitimes, il devra former sa demande dans les dix années à partir du jour où, en rendant le capital qui lui avait été prêté, il n'a plus eu rien à craindre du prêteur.

S'il ne lui a pas été possible de reprendre son domaine, s'il s'est laissé déposséder pour n'avoir pas rendu le prêt en temps utile, l'action en rescision du contrat pour reconquérir le domaine et les usures, ne devra être intentée que dans les dix années de cette dépossession. Ce n'est que de ce moment, qu'ayant consommé les sacrifices exigés de lui, le prêteur ne pouvant plus lui faire de mal, a cessé d'être à craindre pour lui.

La même règle de décision doit être appliquée à toutes les *usures palliées*, suivant la nature des actes et des circonstances.

83. Les *usures manifestes*, au contraire, peuvent être réclamées pendant trente ans, parce que le titre qui les énonce, et en vertu duquel le prêteur les a reçues, sert également à l'emprunteur pour les revendiquer. Il n'est pas nécessaire d'annuler l'acte, pour ordonner la restitution de ce qui a été exigé au mépris de la prohibition; l'acte lui-même donnant la preuve de l'infraction, contient l'obligation d'en réparer les conséquences; c'est à ce sujet que convient le passage de Damoulin que nous avons déjà fait connaître : *qui condicens indebitum, non dicitur venire contra pacta et conventa, nec petere illa rescindi. Or, les actions*

en rescision des conventions, étant les seules auxquelles la loi n'a donné qu'un délai de dix ans, celle qui ne tend qu'à la restitution de ce qui a été illégalement payé, sans attaquer le contrat, rentre dans l'ordre général des actions qui, par l'article 2262 du Code civil, ne sont soumises qu'à la prescription de trente années.

Ajoutons que l'article 3 de la loi du 3 septembre 1807, n'a pas institué, en faveur des personnes lésées par l'usure, une action en nullité ou rescision des conventions, sa disposition est aussi simple qu'elle devait l'être, pour repousser à l'avance toutes les subtilités : « lorsqu'il sera » prouvé que le prêt conventionnel a été fait à un » taux excédant celui qui est fixé par l'article 1er., » le prêteur sera condamné . . . à restituer cet » excédent s'il l'a reçu, ou à souffrir la réduc» tion, etc. »

Ainsi, dès que l'infraction est prouvée, la restitution doit être ordonnée, et l'action pour y parvenir, n'est qu'une action ordinaire.

84. Quant aux usures *flagrantes*, telles que sont les redevances encore dues, dans la création desquelles l'usure s'est glissée ; nous verrons, d'abord, comment la prescription influe sur leur service à l'avenir ; puis, comment elle règle les arrérages déjà payés.

85. 1ʳᵉ. *Règle*. Par quelque laps de temps qu'une redevance usuraire dans son principe, ait été perçue, fût-ce pendant des siècles, lorsque le débiteur réclame, et prouve cette vicieuse origine, aucune prescription ne peut être opposée à son action, soit qu'elle tende à l'annullation même de la redevance, soit qu'elle n'ait pour objet que sa réduction au taux légal.

Cette règle n'a rien d'incompatible avec celle qui fait acquérir, par la possession de trente ans et un titre apparent, une rente dont la création n'est pas prouvée, et qui peut n'avoir été reconnue et payée que par erreur. La raison en est facile à saisir. Dans le doute, on présume pour la bonne foi et l'équité : mais quand on ne peut douter, quand la vérité apparaît et qu'elle fait découvrir une injustice telle que l'usure, toutes les interprétations favorables cèdent la place à la sévérité.

Ce n'est pas seulement à l'usure, mais à toutes les causes vicieuses que cette règle convient. L'article 1337 du Code civil statue, que ce que les actes récognitifs ont de différent du contenu en l'acte primordial, n'a aucun effet. « Néanmoins, » s'il y avait plusieurs reconnaissances conformes, » soutenues de la possession et dont l'une eût » trente ans de date, le créancier pourrait être » dispensé de représenter le titre primordial. » Ces mots *pourrait être dispensé* sont remarquables ; ils prouvent qu'il est réservé aux juges de contraindre le créancier à cette représentation, ou de l'en dispenser. Au surplus, dans les circonstances les plus favorables, ils ne peuvent que l'en dispenser; n'est-ce pas assez dire que, si le débiteur représente l'acte primordial et qu'il en résulte que le titre récognitif est différent, cette différence n'est d'aucun effet, nonobstant la reconnaissance et la possession de trente ans?

Il est vrai que, dans les choses prescriptibles, la prescription accomplie l'emporte sur la vérité de l'origine; mais il est spécial en matière d'usure, que, lorsqu'il s'agit de la continuer, ni l'espace du temps, ni la bonne foi des successeurs, ne peuvent opérer la prescription, parce que la loi résiste toujours et sans cesse au cours des intérêts illicites ; et c'est dans ce cas, surtout, qu'il convient de répéter ce mot vulgaire ; qu'il vaut mieux n'avoir pas de titre que d'en avoir un vicieux.

Ce point de droit public qu'ont enseigné tous les auteurs, et qu'aucun n'a mis en doute, est développé, de la manière la plus lumineuse, par Dumoulin, *Quest.* 17, *n°.* 191 : *An verò creditor qui non habet jus validum vel firmum, possit usucapere contra debitorem, et hîc distinguendum. Aut agitur de continuandâ usurâ,*

videlicet de præscribendo contrà debitorem quæ-
ve successorem, super jure vel actione principali,
ut solvere et continuare teneatur in futurum: ....
sit conclusio quòd nulla præscriptio currit etiam
plusquam longissimi temporis. Ratio in promptu
est, quia quantò magis illicitum fœnus conti-
nuatur, tantùm peccatum gravius est, et sic
nunquam purgatur, sed magis augetur . . . .
Quando lex continuè prohibet et resistit, cessat
usucapio et præscriptio. L. ubi lex. C. De usur.
Notat Baldus in L. Sed et si lege, § Scire.
ff. de petit. hæred.

On trouve la même doctrine dans Loisel, *liv. 4,*
tit. 1. règle 6ᵉ., Ricard *sur l'article* 119 *de la*
Coutume de Paris, Davot, *Traité des Rentes,*
art. 55, et Louet, *lettre T, som. 6.*

Presque tous rapportent les nombreux arrêts qui
en ont fait un principe familier en jurisprudence.

Louet en rapporte deux du Parlement de Paris,
de 1573 et 1575, qui l'ont ainsi jugé, en cassant
d'anciennes transactions passées sur des contrats
usuraires; dans l'espèce de celui de 1575, les
lettres de rescision n'avaient été obtenues que
trente-deux années après la transaction.

Denisart, au mot *Intérêts,* en cite du 26 février
1625 et du 22 juillet 1715; ce dernier sur une

obligation exécutée volontairement pendant quarante ans.

Dans le Dictionnaire de Ferrière, au mot *Usure*,
on en trouve un cinquième du 7 juillet 1707, qui
a entériné des lettres de rescision prises le 17 avril
1706, contre un arrêt de 1647, par lequel, après
cinquante-neuf ans, il fut ordonné que les cin-
quante-quatre années d'intérêts payées seraient
imputées sur le principal, et le surplus restitué.

Desjaunaux, *tome* 3, § 96, en fournit un
sixième du Parlement de Flandres, du 15 juillet
1706, qui, sur la demande du comte de Rom-
bergue, condamne la baronne de Raversbergue à im-
puter sur le principal, tous les intérêts d'une obligation de 3,200 florins, passée quatre-vingt-cinq ans
auparavant ; et avant faire droit sur la demande en
restitution de l'excédant, ordonne un préparatoire.
Il est vrai que cet arrêt a été modifié par un second
arrêt de révision du 3 mai 1709 ; mais ce nouvel
arrêt a confirmé le principe, en admettant seulement la baronne de Raversbergue, à prouver
que l'obligation passée en Hollande était autorisée
par les lois du pays.

M. Merlin, qui rapporte aussi ces deux arrêts
dans le *Répertoire de jurisprudence*, au mot
hypothèque, *sect.* 2, § 2, *art.* 5, fait observer
que le second arrêt, comme le premier, juge

que l'usure ne se couvre par aucun laps de temps, puisque la baronne de Raversbergue se faisait un moyen de l'espace de temps pendant lequel les intérêts avaient été payés volontairement.

On trouve encore dans le même Répertoire, une espèce qui n'est pas moins remarquable. En prairial an 8, la terre de Vactendonck ayant été acquise par le sieur Vanderlinden, il fut poursuivi hypothécairement par le sieur De Zuydtwich, en vertu d'une obligation passée, cent dix-sept ans auparavant, par le prince de Dietrichstein, d'un capital de 25,000 rixdalers, portant intérêts de six et un quart pour cent, et hypothéquée sur la terre vendue au sieur Vanderlinden. L'exception d'usure opposée par ce dernier, devant le tribunal de Cologne, la Cour de Trèves et celle de cassation, fut écartée, non par la prescription, mais par le motif que le contrat ayant été passé à Vienne en Autriche, suivant les lois du duché, les intérêts stipulés ne pouvaient être réputés illégitimes.

Sous l'empire du Code civil et de la loi du 3 septembre 1807, doit-on abdiquer ces maximes salutaires? non sans doute. Pour s'y déterminer, il faudrait y trouver des dispositions que ne contenait pas l'ancien droit, et qui s'opposeraient virtuellement à ce point d'équité naturelle; on n'en trouvera aucune.

L'article 1304 du Code civil qui ne donne, dans tous les cas, que dix années pour former l'action en rescision d'une convention, ne lui est pas contraire. Aux motifs que nous avons déjà donnés (n°. 81), nous en ajouterons de particuliers à la question actuelle.

1°. Cet article 1304 n'est que la copie fidèle des ordonnances de 1510 et 1535, et comme elle doit sympathiser avec l'ancienne jurisprudence. C'est positivement à ce sujet que Dumoulin a dit : *non habet locum in contractibus usurariis, sive de simulatione et nullitate, sive de fraude et rescisione agatur.*

2°. La demande en réduction ou conversion d'une redevance, ne peut pas être confondue avec celle en nullité de la convention. Celle-ci brise et anéantit la convention ; l'autre la confirme, l'exécute, et tend à la consolider en la régularisant.

3°. Dans toutes les questions sur les prescriptions, il faut soigneusement distinguer celles qui libèrent le débiteur, de celles qui confèrent un droit au créancier, c'est de cette dernière espèce qu'il s'agit en ce moment. Que demanderait, en effet, le créancier d'une redevance qui, à la preuve qu'elle est usuraire, opposerait la prescription de trente ans ? il voudrait que, parce que ses auteurs et lui sont en possession de cette usure, les tribunaux le maintinssent dans le droit de la continuer. Ne serait-il pas absurde de supposer que la loi, parce qu'on l'aurait long-temps violée, autoriserait à la violer encore. La possession des droits incorporels ne peut les faire acquérir que lorsqu'ils sont légitimes de leur nature. *Ratio quia in juribus incorporalibus, in quibus non est vera sed quasi possessio, quæ plus habet juris quàm facti, quando cumque lex prohibet vel resistit, nulla acquiritur possessio vel quasi.* Dumoulin.

86. 2e. *Règle.* Plus la première est rigoureuse, plus il importe que la preuve de l'usure soit formelle et démonstrative. Ce n'est ni par des conjectures, ni par des présomptions, ni surtout par des copies irrégulièrement collationnées sur d'anciens titres, qu'on est admis à prouver cette origine vicieuse : on ne peut parvenir à ce but qu'avec des actes parfaitement authentiques dans leur forme, et pleinement probans dans leur contenu; en pareil cas, la règle ordinaire, *in antiquis enunciativa probant* ne serait d'aucun poids.

Dumoulin, après avoir dit, n° 191, *etiam si sint ultrà centum vel ducentos annos à longiori tempore constituti, dummodo liquidè constet de*

pretio et qualitate constitutionis, revient sur cette
même idée, n°. 193, et ajoute : *et notanter dixi,
si certò probetur, quia non sufficeret ad hoc quæ-
libet probatio vel præsumptio, aliàs legitima post
tantùm temporis.*

87. 3ᵉ. *Règle.* Lors même que le contrat de
constitution de la rente exprimerait un prix apparent qui la présenterait comme légitime, si par
un autre acte, il était prouvé de manière à ne pas
laisser de doute, qu'il n'a été fourni qu'un capital
inférieur, l'action serait également admissible.
Dumoulin, n°. 192.

88. 4ᵉ. *Règle.* Les héritiers et successeurs à
titre universel ou particulier, sont passibles de
cette action, même lorsque, de bonne foi et pendant très-longtemps, ils auraient joui de la rente,
en vertu de nouvelles reconnaissances dans lesquelles la cause illicite n'aurait pas pu être aper-
çue. *Quia quandoque delegatur verum originale
et vitium reditûs, succurrendum est.* Dumoulin
ibid. Ils invoqueraient eux-mêmes vainement la
prescription.

89. 5ᵉ. *Règle.* Elle ne peut pas davantage être
opposée aux cautions du débiteur à ses créanciers,
aux tiers détenteurs de ses biens; qui, tous, comme
le débiteur lui-même, peuvent opposer dans tous
les temps, l'exception d'usure, parce que ce vice

est radical et attaché à la chose même, qui est la créance. (*V.* l'arrêt du 7 mars 1513 ci-dessus rapporté, n°. 68.)

90. Voyons actuellement jusqu'à quel point un débiteur, long-temps pressuré par une redevance usuraire, peut avoir justice des intérêts par lui payés.

91. 1re. *Règle.* Si l'action est formée contre celui qui a commis l'usure en créant la rente, il doit en restituer toutes les années, quel qu'en soit le nombre. Il a été constamment en révolte contre la loi; il n'a pas eu un seul instant de bonne foi; ses déprédations, pour s'être multipliées, n'en forment pas moins un seul et même dol, dont aucune partie ne peut être réputée avoir été remise; il ne peut donc se prévaloir d'aucune prescription, pas même de celle de trente ans pour les arrérages plus anciens.

Inutilement il argumenterait de ce que, suivant l'article 2262 du Code civil, on ne peut opposer à celui qui a prescrit par trente ans l'exception déduite de sa mauvaise foi. Ce principe existait également [...] l'ancien droit, et cependant n'améliorait pa [...] de l'usu [...] [...] restitution. Dumoulin, n°. 197.

Il doit en être de l'action civile comme de l'action publique. On a vu, que le délit d'habitude d'usure se compose de tous les faits particuliers, de ceux antérieurs aux trois années qui précédent l'action, comme de ceux qui ont eu lieu pendant ce délai, sans que la prescription en ait effacé aucun, à quelque époque qu'il faille remonter, par ce que tous ces faits ne forment qu'une seule et même offense à punir, au point que l'amende est de la moitié de toutes les sommes prêtées, ainsi qu'il a été uniformément décidé par le tribunal de la Seine, la Cour de Paris, et la Cour de cassation dans l'affaire du sieur Pernier. (*V*. ci-dessus, n°. 39 et le *Journal du Palais, tom.* 61, *p.* 250.)

Par les mêmes motifs, tout ce qui, en exécution d'un contrat illicite, a été perçu, ne forme, à l'égard de la personne lésée, qu'une seule et même usure à restituer, une seule et même offense à réparer.

Observez encore que, pour qu'il y ait prescription, il ne suffit pas qu'il y ait eu inaction de la part de celui qui aurait pu se plaindre, il faut aussi que l'auteur des torts ait cessé d'en commettre ; sans quoi il a interrompu lui-même la prescription.

92. 2°. *Règle*. S'il est prouvé que les héritiers ou successeurs de l'auteur de la convention ont

connu l'usure, c'est la même déloyauté qui s'est perpétuée, elle amène les mêmes conséquences.

Ils seraient tenus de cette restitution totale et réputés de mauvaise foi, lors même qu'ils prouveraient qu'ils ne connaissaient que le fait réputé usuraire, mais qu'ils étaient dans une erreur de droit sur le caractère de ce fait. Dans tous les cas où la loi défend et punit, l'erreur de droit ne peut excuser. Dumoulin, *ibid*.

93. 3e. *Règle*. S'il n'est pas prouvé que les successeurs aient eu connaissance de l'usure, leur bonne foi est présumée, et la prescription est admise, mais avec ce tempérament : les premiers deniers usuraires reçus, soit par leur auteur, soit par eux-mêmes, sont imputés sur le principal. Si après cette imputation, et le sort principal épuisé, il reste encore des arrérages à restituer, tous ceux perçus plus de trente ans avant la demande sont prescrits, ceux échus depuis et payés sont les seuls qui doivent être restitués. Dumoulin, *ibid*.

94. 4e. *Règle*. Cette restitution des trente dernières années, est due même par le successeur qui a reçu de bonne foi la redevance, la croyant légitime, sans qu'il puisse s'aider des articles 549 et 550 du Code civil, qui donnent les fruits perçus au possesseur de bonne foi; des intérêts usuraires

ne sont pas des fruits pour tout ce qui excède le taux légal, puisqu'ils n'ont pas de capital, et que celui fourni n'a de fruits que les intérêts permis. Ce sont de véritables capitaux reçus par erreur, dont il devrait les intérêts du jour des paiemens, s'il eût été de mauvaise foi, ainsi que nous l'avons dit, et dont, attendu sa bonne foi, il est dispensé par les dispositions des articles 1376 et 1378 du Code civil.

95. Ayant démontré qu'à quelque époque qu'une rente ait été créée, s'il est prouvé qu'elle l'a été à un taux alors illicite, l'action en réduction est encore admissible, nous croyons utile de présenter l'état chronologique de la variation dans le taux légal de l'intérêt, pour servir à l'examen des rentes anciennes encore subsistantes.

Les rentes constituées n'ont été connues que vers le quatorzième siècle ; et des doutes s'étant élevés sur leur légitimité, ils furent levés par une Bulle du Pape Martin V, en 1423, par suite d'une décision du Concile de Constance, et renouvelée par Callixte III, en 1477; le taux qui y est exprimé est le denier *dix*, c'est-à-dire le dixième du capital chaque année.

Les historiens attribuent cette élévation de l'intérêt pendant le quinzième siècle, à la détresse dont la France eut à gémir durant la guerre avec l'Angleterre, depuis Philipe de Valois, jusqu'à Charles VIII. C'est en effet depuis ce moment que, les guerres devenant moins générales, les citoyens se livrant davantage au commerce et aux arts, la masse de l'argent en circulation se grossissant de celui importé de l'Amérique, le taux de l'intérêt a successivement diminué.

Du temps de Dumoulin, qui écrivait son traité *des contrats usuraires* en 1540, il y avait déjà soixante ans que le denier *dix* était réprouvé comme excessif, par l'opinion publique. La plupart des constitutions de rente ne se faisaient qu'au denier *douze*; pour un grand nombre, on se contentait des deniers *treize*, *quatorze* et même *quinze*. Depuis vingt-cinq ans, le Parlement de Paris, déterminé par cette amélioration des mœurs, avait établi une jurisprudence tenant lieu de loi sur les intérêts.

Toute constitution de rente à un taux plus fort que le denier *dix*, était annulée comme usuraire, avec restitution de tous les arrérages.

Celles au denier *dix* ou au-dessous jusqu'au denier *douze*, étaient modérées et réduites, par forme de punition de leur exagération, au denier *quinze*.

Celles au denier *douze* étaient maintenues.

Enfin ce denier devint le taux légal par l'édit

donné par Charles IX, en 1567, sur les rentes constituées en grains, et par un autre édit spécial de la même année.

Depuis, ce taux a été diversement réglé par Henri IV, Louis XIII, Louis XIV, Louis XV, la loi du 5 thermidor an IV, et celle du 3 septembre 1807.

De tous ces documens historiques il résulte que l'intérêt a été antérieurement à 1515 au denier *dix*;

De 1515 à 1601, au denier *douze*;

De juillet 1601 à mars 1634, au denier *seize*;

De mars 1634 à décembre 1665, au denier *dix-huit*;

De décembre 1665 à juin 1724, au denier *vingt*;

De juin 1724 à juin 1725, au denier *trente*;

De juin 1725 à juin 1766, au denier *vingt*;

De juin 1766 à février 1770, au denier *vingt-cinq*;

De février 1770 à juillet 1796 au denier *vingt*;

De juillet 1796 à septembre 1807, *au gré des parties*;

Du 5 septembre 1807, jusqu'à présent, au denier *vingt*.

FIN.

TABLE DES MATIERES.

FIN DE LA TABLE DES MATIÈRES.